명동 부자들

명동 부자들

아무것도 없던 그들은 어떻게 성공했을까

고미숙 지음

THE NAN
더난콘텐츠

부자로 태어나기보다 부자가 되는 게 쉽다

"명동은 실패하지 않습니다!"

내가 만난 명동 부자들의 인터뷰를 정리하다 보니, 한 건물주 사장님의 말이 계속 생각났습니다.

"사람들은 강남불패라고 말하지만, 우리들은 명동불패(明洞不敗)라고 부릅니다."

명동에서라면 무조건 부자가 될 거라는 뜻은 아닙니다. 작은 점포나 노점상으로 시작했더라도 대한민국에서 가장 치열한 상권에서 조금씩 성공을 이뤘기 때문에 결국 큰 자산을 모을 수 있었다는 이야기입니다. 강남에서 부동산 투자로 부를 이루는 것도 좋은 방법이겠지만, 가진 게 없는 평범한 사람들에게는 장사나 사업만큼 부자가 되는 지름길도 없습니다.

그런데 요즘은 자신의 '꿈'에 도전하는 보통 사람들이 별로 없습니다. 'YOLO(You Only Live Once)'라는 말처럼 '현실을 즐기자'는 욕망이 커진 것 같습니다. 현실은 너무 괴롭고 내가 할 수 있는 것은 별로 없다고 생각하는 일이 많습니다. 내가 가진 돈이나 월급은 늘 제자리걸음인데 치솟는 집값과 생활비만으로도 벅차 부자라는 꿈을 꾸기조차 어렵다는 것. 돈과 관련된 일을 하는 사람으로서 그 누구보다 잘 알고 있습니다. 특히 젊은 분들일수록 사회적 박탈감이나 상실감이 커 보였습니다. 하지만 그런 현실과 타협하고 안주하려는 사람들을 보며 너무나 안타까웠습니다. 이 책을 통해 그런 젊은 분들일수록 꿈을 꾸어야 하고, 간절히 원하는 꿈을 이룰 수 있다는 것을 꼭 알려드리고 싶습니다.

그래서 부자들의 습관을 관찰했습니다. 제가 1년에 관리하고 자문하는 부자들이 250명 정도입니다. 10년 넘게 VIP 담당 자산관리사로 근무했지만, 돈에 대한 생각과 태도는 명동 부자들에게 많이 배웠습니다. 이 책에 그들에게 배운 것 중 많은 사람들에게 필요한 것들만 골라 담았습니다. 특히 명동이라는 최고의 상권에서 '진짜 부'를 일군 9명의 부자를 집중 인터뷰하여 그들이 부자가 될 수 있었던 공통적인 비결을 뽑아냈습니다. 우리나라 최고의 글로벌 상권에서 과연 어떻게 돈을 벌었는지, 어떤 숨겨진 노하우가 있었는지, 돈을 벌 수밖에 없는 습관은 무엇인지 찾아내 알려드리고 싶었습니다.

제게는 몇 가지 꿈이 있습니다. 20년간 은행원으로 근무한 제가 책을 쓰겠다고 작정했을 때 주변 사람들은 왜 책을 쓰는지 물어보기도 하고, 걱정도 많이 해줬습니다. 책을 쓴다는 것, 글을 쓴다는 것, 내가 생각하고 있는 무언가를 사람들과 나누는 것은 제가 이루고자 했던 하나의 꿈이었습니다. 모든 사람에게는 꿈이 있습니다. 아니, 꿈이 있어야 합니다.

> If you haven't found it yet, keep looking. Don't settle. As with all matters of the heart, you'll know when you find it.
> 아직 찾지 못했더라도 계속해서 찾으세요. 안주하지 마세요. 마음에 관한 모든 일이 그렇듯 찾고 나면 비로소 알게 됩니다.

8년 전 육아휴직 중 우연히 접한 스티브 잡스의 스탠퍼드대학교 졸업식 축사 중 한 부분입니다. 이 글을 읽으며 직업과 꿈은 다르다는 걸 깨달았습니다. 은행원이라는 직업 말고도 나만의 꿈을 꼭 찾고 싶었습니다. 저 역시 처음에는 그게 무엇인지 잘 몰랐습니다. 하지만 생각하고 또 생각해보았습니다. 저의 꿈은 글을 쓰는 것이었습니다. 4년. 그 꿈을 찾아내는 데 걸린 시간입니다. 그로부터 3년. 글다운 글을 쓰기 시작하기까지 걸린 시간입니다. 단지 시간이 오래

걸렸을 뿐, 은행원이라는 직업이 있다고 해서, 아이를 키우는 엄마라고 해서 꿈을 꾸지 못하거나 꿈을 이루지 못하는 것은 아니었습니다.

부자가 되겠다는 꿈 역시 마찬가지입니다. 지금 돈이 없다고, 내 부모가 가진 돈이 없다고, 내 월급은 이것밖에 안 된다고, 나이가 많다고, 부자가 되겠다는 꿈을 꾸지 말라는 법은 없습니다. 이 책에서 소개하는 9명의 명동 부자들 역시 소위 금수저가 아니었습니다. 하지만 부자가 되겠다는 간절함을 간직하며 살아온 끝에 꿈을 이뤘습니다. 무일푼으로 시작했지만, '성공한 부자'라는 꿈을 향해 달려온 끝에 그 꿈이 실현되었죠. 그것도 명동에서 말입니다. 부자가 되겠다는 꿈은 결코 돈만 많이 버는 것을 의미하지 않습니다. 내가 이루고 싶은 목표를 이뤄내는 과정 끝에 돈이라는 결과물이 따라오는 겁니다.

누구나 부자가 될 수 있으며 부자라는 꿈을 꿀 수 있습니다. 다만 어떻게 돈을 벌어야 하는지, 돈을 벌기 위해서는 어떤 습관이 필요한지를 몰랐을 뿐입니다. 금수저만 부자 되라는 법은 없습니다. 금수저도 돈을 관리하는 방법을 모르면 자산을 지키지 못합니다. 돈만 벌겠다고 달려든 사람 역시 부자가 될 수 있을지 몰라도 끝까지 지켜내기 어렵습니다. 돈을 벌고, 끝까지 지켜내기 위해서는 자신만의 확고한 가치관이 있어야 합니다. 이러한 과정에는 시간이라는 내공도 필요합니다. 명동 부자들 역시 꿈을 이뤄내는 데 적어도 10년이라는 시간이 걸렸습니다. 책을 읽고 마음에 와닿는 몇 가지를 시간을 들여 꾸준히 실천한다면 여러분 역시 부자라는 꿈을 반드시 이룰 것이라 믿습니다.

2020년, 새로운 꿈을 키울 봄을 기다리며

고미숙

/ 목차 /

세상에 타고나는 부자는 없다

: 명동 부자들이 말하는 부의 기본 공식 :

월급을 포기할 것인가, 사업의 꿈을 포기할 것인가

: 제2의 명동 부자를 꿈꾸는 사람들을 위한 실천 팁 :

제1장

서울의 중심에서 부자가 된 그들, 명동 부자들

: 진짜 부자 9인의 작지만 당찬 시작 :

1

/ 저축형 /

"월급의 반을 저축하라"

무일푼에서 시작해 수천억 원대 자산가로
거듭난 명동 최고의 신화

"노력하지 않으면 기회가 온 줄도 몰라요. 금수저가 아니라서 부자가 될 수 없다고 생각하나요? 그런 사람도 자신이 벌어들이는 소득의 50퍼센트를 저축하겠다는 마음부터 먹고 시작해야 해요. 저축을 해서 종잣돈을 마련해야 사업에 대한 계획도 세울 수 있죠. 월급이 얼마인지는 중요하지 않아요. 이렇게 10년, 20년 저축한 사람과 저축 안 한 사람의 차이는 너무 크죠. 저축해야만 꿈이 가까워지는 거예요."

- 이름: 김병희 사장
- 현재 직업: 화장품 제조 및 판매, 부동산 임대
- 나이: 만 65세
- 명동에 터를 잡은 시기: 1980년대 중반
- 보유 자산의 종류와 규모: 부동산과 금융자산, 약 천억 원대

저축 없이 종잣돈 없다

김병희 사장은 부유하지 않은 집안에서 자랐다. 어린 시절 잘사는 친척 집을 보며 자신도 훗날 돈을 많이 벌어 지금보다 더 잘살면 좋겠다고 생각했다. 고등학교를 졸업하고서 70년대 중반 무역업을 하는 중소기업에서 들어가서도 부자가 되겠다는 꿈을 늘 잃지 않았다. 그 꿈을 이룰 발판은 저축뿐이라고 생각했다. 김 사장은 매월 받는 월급의 반 이상을 악착같이 모아 30대 초반이던 80년대 중반 무렵에는 8,000만 원의 자산을 보유할 수 있었다. 잠실에 있는 13평짜리 아파트가 500만 원 정도에 매매되던 시절이다. 10여 년 만에 소형 아파트를 여러 채 살 수 있는 종잣돈을 마련해낸 것이다.

종잣돈을 마련한 김병희 사장은 본격적으로 사업을 위한 준비에 박차를 가했다. 첫 시작은 화장품 할인점이었다. 화장품 회사에 근무하던 동생과 함께 시장조사를 하며 화장품 판매 형태가 변화하고 있음을 직감한 것이 계기였다. 실제로 1985~1986년 무렵에는 방문판매를 통해 이뤄지던 화장품 판매가 매장 판매, 즉 화장품 할인점 형태로 전환되고 있었다. 김 사장은 다양한 브랜드의 화장품을 총판으로 판매했다. 다행히 장사가 꽤 잘됐다. 하지만 변하지 않는 것이 있었다. 꿈을 이루기 위해 저축하던 습관이었다. 여전히 자신이 벌어들이는 돈의 반 이상을 저축에 쏟아부었다. 그 결과 1988년에는 신림4동에 있는 5층 건물을 매매가 8억 원에 사들이며 첫 건물을 소유하게 됐다.

김 사장 주변에는 명동 의류라는 복합쇼핑몰에서 화장품 가게를 하던 지인이 있었다. 명동 의류는 이름에서 알 수 있듯 명동의 상징과도 같은 곳이었다. 게다가 명동의 상권 중에서도 명동 의류에 입점하기만 하면 탄탄한 매출과 함께 홍보 효과를 누릴 수 있었다. 김 사장의 지인은 명동 의류에 화장품 매장을 하나 더 내려 하고 있었다. 그 덕분에 한두 달 정도 물품 공급 유동성에 불이 켜졌고, 해당 기간 동안 김 사장에게 물량 공급을 부탁했다. 그 일을 계기로 김 사장 역시 명동 의류에 분점을 입점시키며 본격적으로 명동에 진출했다.

화장품 할인점 형태로 시작한 새로운 사업은 자리를 잘 잡아 명동 의류에서 매출 1위도 달성했다. 명동 의류에서 장사하고 나서 얼마 후, 1992년에는 '뷰티렛'이라는 화장품 매장을 별도로 오픈했다. 임차금 7억 원. 당시로서도 상당한 금액을 투자해 매장을 확보했다. 월세 역시 상당히 높아 주변 지인들은 만류했지만, 그동안 김 사장이 저축으로 마련해둔 자금력이 빛을 발하는 순간이었다. 화장품이 불티나게 팔려나가며 영업이득은 더욱 고공행진했고 명동파출소 앞에 2호점, 명동 3번가에 3호점을 내며 명동 내 입지를 더욱 견고히 다져나갔다.

매장이 하나둘 늘어나고, 매장당 매출이 한 달에 2,000만 원을 상회하기 시작하면서 아침에 출근하면 저녁까지 식사도 못 할 정도로 바빠졌다. 은행에서나 주로 쓰는 산폐기가 없던 때라, 마감 시간만 되면 한두 시간씩 돈을 셀 정도였다. 하지만 명동 상권에도 화장품 가게가 하나둘 늘어나기 시작했다. 서로 비슷비슷한 매장들이 치열하게 경쟁하며 할인율을 높이다 보니, 자연스럽게 매출 규모가 줄어드는 수순을 밟을 수밖에 없었다. 시장이 줄어들고 매출이 줄어도 변하지 않는 것이 있었다. 바로 저축하는 습관. 김병희 사장은 꾸준히 자금을 모은 덕분에 IMF 위기가 닥친 90년대 후반 무렵, 명동의 한 건물을 매매가 약 40억 원에 매입하면서 더욱 견고하게 자산을 구성할 수 있었다. 그리고 화장품 매장을 운영하며 쌓은 경험을 바탕으로 현재는 직접 화장품 제조에까지 발을 뻗게 된다.

김 사장은 2016년 '클라뷰'라는 기초 중심의 화장품 브랜드를 런칭했다. 중국·홍콩·말레이시아로 진출하며 연 매출 200억 원을 달성한 중견기업으로 성장시켰다. 2017년에는 명동에 플래그십 스토어를 오픈하고, 면세점에도 입점하는 기염을 토했다. 화장품 제조회사 설립이라는 큰 결과물을 만들기까지 탄탄한 자금력이 바탕이 되지 않았다면 불가능했을 것이다. 당장은 보잘것없는 푼돈일지라도 월급의 반을 저축하는 습관이 김 사장을 현재의 자리까지 오게 만든 것이다. 당장 자신의 월급이 작다고 불평만 하면서 온전히 자신에게 주어진 미래 자금을 관리하지 못한다면 더 큰 부자로 거듭나는 발판

"자신이 벌어들이는 소득의 50퍼센트를
저축하겠다는 마음부터 먹고 시작해야 해요.
저축을 해서 종잣돈을 마련해야
사업에 대한 계획도 세울 수 있죠.
월급이 얼마인지는 중요하지 않아요."

▶ 김병희 사장의 클라뷰 명동 매장 전경

마저 마련하지 못한다.

현재 김 사장은 명동에 수백억 원대에 달하는 건물 7개, 서초동에 건물 1개를 보유하고 있다. 어마어마한 부동산 자산을 사들이기까지 단돈 1원도 누구에게 의지하지 않았다. 오로지 저축이 곧 힘이라는 신념 하나로 일구어냈다. 무일푼에서 천억 원대 자산가로 성장한 바탕에는 저축이라는 단순하고도 확실한 신념이 있었다. 또 자신이 사업의 기회를 발견한 화장품 시장을 일관되게 일구며, 진인사대천명(盡人事待天命, 사람이 할 수 있는 일을 다한 후 결과는 운명에 따른다)이라는 좌우명을 실천했기에 가능했다.

자산관리 베테랑의 팁

"자산관리의 시작은 저축이다."

내가 번 것보다 돈을 덜 써야 한다. 그래야 돈을 모을 수 있다. 평범한 직장인이 부자가 되기 위한 제1원칙은 바로 자신이 번 돈의 반을 저축하는 것이다. 종잣돈이 쌓여야 투자도 하고, 부동산도 살 수 있고, 사업도 시작할 수 있다. 종잣돈을 모으지 않으면 어느 것도 시작할 수 없으며, 적은 돈으로 시작하면 큰돈을 벌 수 없다. 김 사장도 스무 살에 부자가 되겠다고 결심한 후 월급의 50퍼센트를 저축해 명동의 신화가 된 살아 있는 증거다.

어떻게 월급의 50퍼센트를 저축한단 말인가? 줄줄 새어나가는 돈을 어떻게 막는단 말인가? 자산관리 전문가들은 생활비로 먼저 지출을 하고서 남은 돈으로 저축할 생각을 버려야 한다고 강조한다. 자신이 정한 액수의 돈을 먼저 저축하고, 남은 돈으로 생활비를 지출해야 한다. 써야 하는 것, 쓰고 싶은 것, 쓸 줄 몰랐던 것까지 다 쓰고 나면 과연 남는 돈이 있을까? 절대로 그렇지 않다. 그렇다고 무작정 생활비를 줄이며 허리띠를 졸라매라는 이야기는 아니다. 수입과 지출 항목을 정확히 파악해 정리한 뒤 접근해야 한다. 월급쟁이의 수입은 늘 고정되어 있으니 대개는 지출을 줄이는 방법을 쓸 수밖에 없다. 물론 처음에는 쉽지 않다. 하지만 하루가 지나고 일주일이 지나고 한 달이 지나면 자신이 지출을 통제할 수 있다는 사실에 놀랄 것이다.

요즘 스마트폰 앱으로도 많이 개발되어 있는 가계부 앱이나 금융회사 앱을 활용해보자. 대표적으로 신한카드에서는 신한 페이 FAN 앱을 통해 소비 현황과 패턴을 분석해준다. 평균 사용 금액을 파악해줄 뿐만 아니라 단골 가맹점, 가장 많이 쓴 가맹점, 가장 많이 쓰는 요일까지 분석해준다. 카드사용 내역을 분석해 교통, 음식, 공과금, 쇼핑 등의 소비 순위도 보여준다. 자신의 지출 습관을 꼼꼼하게 알려주는 금융 앱을 통해 꼭 지출해야 할 곳이 아닌 곳에서 불필요한 지출을 한 것은 아닌지 파악해보고 필요 없는 항목부터 줄여보자.

최근에 등장한 가계부 앱들은 사용자가 따로 사용 내역을 기록할 필요도 없다. 결제 승인 문자를 인식해 은행과 카드 사용 내역을 자동으로 가계부 항목에 등록해준다. 최근 인기를 끌고 있는 자산관리 앱인 뱅크샐러드를 이용하면 주요 은행, 카드사 계좌와 연동해 통합 계좌 조회가 가능할 뿐만 아니라 수입과 지출, 계좌이체 내역까지 자동으로 불러와 분류해준다. 또한 금융기관 전체 자산현황뿐만 아니라 신용등급, 연금현황, 자동차 및 부동산 시세, 심지어 건강검진 현황까지 원스톱 서비스로 제공하고 있어 금융업의 경계선을 허무는 파격적인 혁신을 추구하고 있다.

출처: 뱅크샐러드 홈페이지

금융 시장에 새롭게 등장한 핀테크 서비스의 공세에 뒤질세라 은행에서도 자사의 앱을 한층 업그레이드시키고 있다. 최근에는 오픈뱅킹을 통해 은행에서 보유한 결제 기능과 고객 데이터를 공유하고 있다. 하나의 은행 앱으로 모든 은행 계좌를 조회할 뿐만 아니라 출금과 이체 서비스를 이용할 수 있다. 오픈뱅킹을 계기로 자산관리는 한층 더 편리해졌으며 은행 앱 역시 해당 은행에서 판매하는 상품을 안내하는 데 국한하지 않고 전 금융기관에 흩어진 자산 및 연금을 총괄적으로 관리할 수 있는 기능을 탑재하고 있다.

저축 습관을 쉽게 들이기 어렵다면 틈틈이 은행 앱을 사용해보고 친한 은행 직원도 한 명 정도 만들어두면 도움이 된다. 은행의 최일선에서 일하는 그들과 친해지면 더 자주 금융 정보를 접할 수 있고 궁금한 점을 편하게 물어볼 수 있다. 종종 은행에서는 특판 상품이라는 것을 내놓는다. 이러한 상품들은 대부분 모집 한도가 정해

출처: 신한은행 공식 포스트

져 있다. 이때 은행원도 사람인지라 은행을 자주 찾는 고객에게 먼저 특판 안내 전화를 돌리기 마련이다. 더불어 은행을 방문하기 전에 자신에게 필요한 업무나 궁금했던 사항을 물어보고 예약 방문 서비스를 활용하면 좋다. 업무에 따라서는 본점이나 대외기관의 확인을 받아야 하는 경우도 있고, 평소 자주 일어나지 않는 업무에 대해서는 직원 스스로도 해당 내용을 자세하게 파악할 시간이 필요하기 때문이다.

만약 자산 관리에 관한 사항이라면 구체적으로 상담을 받는 것도 하나의 방법이다. 예를 들어 '전세보증금 3억 원을 받아 2년간 운용이 가능하다면 몇 퍼센트의 수익을 기대할 수 있는가'라는 식으로 직원에게 제시를 하는 것이 좋다. 무엇보다 원금 보존이 최우선이라고 조언을 구해도 괜찮다. 그러면 은행의 직원은 가장 적합한 플랜을 제시할 것이다.

적금에 가입을 할 때도 목적별, 운용자금별 구분이 필요하다. 가장 먼저 기간별로 1년짜리 단기적금, 3년에서 5년짜리 만기 적금, 마지막으로 10년 이상의 장기적금으로 나누어 가입하면 좋다. 30대 젊은 직장인이라면 결혼 자금, 주택 구입 자금, 자동차 구입 자금이 가장 급선무일 것이다. 즉 당장 혹은 몇 년 이내에 써야 하는 자금들이다. 3년 후 써야 할 자금을 10년짜리 적금에 묶어버렸다간 현금 유동성이 꼬여버려 눈물을 머금고 적금을 깨야 하는 낭패를 보기 일쑤다.

은퇴가 다가오는 40, 50대라면 은퇴 후 현금흐름을 만들 수 있는 연금 재원을 마련하는 데 초점을 맞추어야 한다. IRP(Individual Retirement Pension)처럼 본인을 위한 연금 재원을 마련하며 동시에 불입금액에 대한 세액공제까지 더해주는 상품을 추천한다. 자녀 학비와 자녀 결혼 등 목돈이 들어가는 이벤트에 대비한 목적자금 역시 마련해야 한다. 대학정보공시 대학등록금 통계에 따르면 우리나라 대학의 평균 학비는 연간 600만 원에서 1,000만 원이라고 한다. 또 통계청에 따르면 평균 결혼 비용은 남자가 1억 5,000만 원, 여자가 5,000만 원이라고 한다. 이처럼 40, 50대에 소요될 목돈에 대비한 적금이 필요하다. 본인의 은퇴 자금과 자녀에게 들어갈 비용을 따져보고 적금에 가입하도록 하자.

비록 돈을 모으는 것이 중요한 일이긴 해도 돈이 인생의 전부는 아니다. 악착같이 저축하는 과정에서 자신에게 작은 선물을 하는 것도 저축을 끝까지 유지하기 위한 좋은 방법이다. 수입의 50퍼센트 이상을 저축한 달에는 조그만 보상을 해주자. 커피 한 잔을 마시는 여유를 미뤄왔다면, 한 달에 한 번은 나만의 커피 데이를 정해보자. 또는 저축에 성공한 나 자신에게 작은 선물을 하며 소확행을 누려보아도 좋다. 저축에만 모든 신경을 쏟아붓느라 스트레스를 받는 것은 바람직하지 않다. 나에게 적당한, 나만의 저축 방법을 결정했다면 시작할 일만 남았다.

/ 학습형 /

"최고의 멘토를 찾아가라"

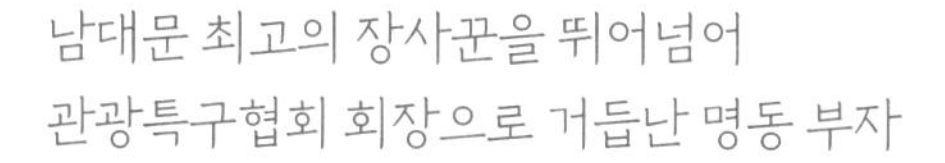

남대문 최고의 장사꾼을 뛰어넘어
관광특구협회 회장으로 거듭난 명동 부자

"아무것도 가진 것 없이 시골에서 올라왔어요. 그러다 보니 죽기 살기로 살았죠. 처음에는 살 집이 있어야 할 것 같아 집을 샀고, 한 채는 안 될 것 같아 두 채를 샀어요. 그렇게 늘려나갔습니다. 죽으면 가져갈 것도 아닌데, 그때는 그래야만 주류사회에 선 것 같았어요."

- 이름: 황동하 사장
- 현재 직업: 임대사업, 의류도소매업
- 나이: 만 59세
- 명동에 터를 잡은 시기: 1980년대 초반
- 보유 자산의 종류와 규모: 부동산과 금융자산, 약 백억 원대

남대문시장 일등 장사꾼을 찾아라

어린 시절 집안 사정이 좋지 않았던 황동하 사장은 군 복무를 마치면 가계에 보탬이 돼야겠다는 생각뿐이었다. 어려운 집안을 일으켜야 한다는 의무감에 제대를 하자마자 무턱대고 당시 서울 시내에서 가장 큰 중부시장을 찾아갔다. 비록 사업에 대한 경험도 전무하고 나이도 어렸지만, 시장에서 하루이틀을 보내는 동안 이상한 점을 느꼈다. 상인들의 생기가 묻어 있어야 할 시장에서 이상하리만치 활기를 느낄 수 없었던 것이다. 그때 마침 누군가 남대문시장을 가보라고 황 사장에게 조언을 했고, 그렇게 남대문시장으로 발걸음을 옮긴 것이 삶의 전환점이 되었다. 남대문시장에 들어서자마자 다른 시장에서는 볼 수 없던 생기가 느껴졌다. 손뼉을 치고 발을 구르고 소리를 지르며 기가 막히게 장사하는 장사꾼들의 세계에 푹 빠졌다. 황 사장 역시 장사꾼이 돼야겠다고 생각했다.

황 사장은 군대 복무 기간 동안 좋은 보직을 받은 덕분에 장군들을 옆에서 볼 기회가 많았다. 그들을 보며 어떤 일을 하든 어떤 곳에 있든 최고의 자리까지 올라가야 인정받는다는 것을 깨달았다. 남대문시장에 처음 방문했을 때 지나가는 상인들을 붙잡고 연신 "여기서 누가 제일 잘 나가나요?" 하고 물었던 것도 그 때문이었다. 상인들은 황 사장에게 한결같이 김복남이라는 사람이 남대문 최고의 상인이라고 일러주었다. 황 사장은 무작정 그를 찾아가 "장사를 배우게 해주십시오."라고 부탁했다. 김복남 사장은 황 사장의 의지와 순수함에 반해 당장 시장으로 출근하라고 했다. 다음 날 황 사장은 고향에 내려가 인사를 드리고서 모친께서 쥐어주신 꼬깃꼬깃한 지폐 몇 장을 받아들고 남대문에 입성했다.

두려울 것이 없었던 20대 중반의 황 사장은 이렇게 남대문 노점 생활을 시작했다. 김복남 사장의 곁을 지키며 수 개월간 장사를 배워나갔다. 남대문시장에서는 그야말로 팔지 않는 물건을 찾기가 힘들었다. 게다가 황 사장처럼 전국 각지에서 장사를 배우기 위해 모여든 사람들이 어느덧 하나둘 리어카를 꿰차고 독립하기 시작했다. 마음이 조급해진 황 사장은 자신도 빨리 독립을 해야겠다고 생각했다. 하루라도 빨리 리어카를 끌고 나가 장사를 해보고 싶었던 터라 멘토인 김 사장에게 과감히 리어카를 한 대 내어달라고 부탁했다. 다음 날 황 사장은 꿈에 그리던 리어카 한 대를 얻었고, 김 사장은 길 건너에서 장사를 시작해보라고 권했다. 그곳이 바로 지금의 명동이다.

당시 황 사장은 그곳이 명동인지도 몰랐다고 한다. 1984년, 하루 5,000원을 받고 리어카에서 다양한 물건들을 팔던 황 사장은 명동으로 넘어가 하루 7만 원을 벌 수 있었다. 명동이라는 곳의 가능성을 느꼈다. 그렇게 황 사장은 명동과의 인연을 시작했다. 3년간 노

"저에겐 리어카 한 대가 전 재산이었어요.
밑바닥부터 시작해 죽기 살기로 돈을 벌었죠.
최고가 되기 위해 남대문의 최고 장사꾼을
스승으로 삼았고, 제가 아무것도 가진 것이 없을 때
누군가에게 도움을 받았듯,
저도 다른 누군가에게
도움이 되고 싶다는 생각이 들었습니다."

▶ 남대문에서 명동으로 진출한 황동하 사장처럼 명동에는 수많은 노점상들이 여전히 관광객들을 맞이한다.

점상을 한 끝에 명동 뒷골목에 신발 가게를 하나 낼 수 있었다. 신발이 날개 돋힌 듯 팔려 하루에 수백만 원의 매출을 찍기도 했다. 신발 다음으로 팔게 된 아이템은 의류. 무려 6개 의류 매장을 운영하는 기염을 토했다. 카드가 없던 시절이라 수중에 많은 현금이 들어왔고, 은행에서 산폐기를 3대씩이나 갖다주기도 했다.

황 사장은 노점상에서 신발, 신발에서 의류로 사업 아이템을 과감하게 바꾸어나갔다. 밑바닥부터 시작한 사업 체력이 이처럼 파격적으로 사업을 확장할 수 있었던 원동력이었다. 황 사장에게 불가능은 없었다. 하지만 예상치 못한 복병이 나타났다. 옷이 불티나게 팔리던 2000년, 명동의 중심에 밀리오레라는 거대 복합 쇼핑몰이 들어선 것이다. 젊은이들의 눈길을 끄는 화려한 외관과 현대식 쇼핑 센터의 면모를 갖춘 밀리오레로 소비자들이 대거 이동했고, 명동 상권 매출은 평균 30퍼센트씩 감소했다. 황 사장은 의류 매장에서 30퍼센트를 마진의 기준으로 삼았었는데, 그 마진이 사라진 것이나 마찬가지였다. 고심 끝에 다른 판로를 찾아보던 황 사장은 그동안 자신이 취급한 의류들의 판매 데이터를 분석해보기로 했다. 가장 많이 팔린 옷에 집중한다면 다시 한번 발돋움을 할 수 있다고 판단했기 때문이다. 판매 데이터는 니트가 가장 많이 팔린 것으로 나타났다. 동대문에서 니트 장사로 다시 사업을 시작했고, 동대문 최고의 니트 매장으로 거듭날 수 있었다.

다행히 황 사장의 의류 매장은 모두 좋은 입지에 위치해 있었다. 하루 저녁에 1만 3,000장씩 팔리기도 했다. 니트 1장당 8,000원씩 남는다고 계산하면 하루 저녁에 1억 원이 남는 셈이었다. 3000장을 반품으로 받아도 6,000만 원의 이익이 남았다. 때마침 교복 자율화가 시행된 덕분에 명동 의류 같은 잡화점이 십여 년간 좋은 시절을 누렸다. 하지만 하루 저녁에 들어오는 현금 액수에 매료된 나머지, 황 사장은 명동에서 시작된 화장품 붐을 놓치고 말았다. 화장품 매장으로 운영했더라면 더 많은 이윤을 남길 수도 있었을 테지만, 후회는 없다고 한다. 교복 자율화로 시작된 의류 매장 호황기가 끝나갈 무렵 화장품이 뜨기 시작했고, 명동은 또 한번의 황금기로 접어들어가고 있었다. 명동의 임차료가 어느 상권보다도 가장 많이 오르고, 건물값까지 오르며 황 사장의 자산 가치 역시 상승했다.

황 사장이 처음 명동에 발을 들였던 1980년대 초반, 그에겐 리어카 한 대가 전 재산이었다. 밑바닥부터 시작해 죽기 살기로 돈을 벌었다. 최고가 되기 위해 남대문의 최고 장사꾼을 스승으로 삼았고, 그 역시 명동에서 최고의 장사꾼이 됐다. 어느 날, 그는 자신이 아무것도 가진 것이 없을 때 누군가에게 도움을 받았듯, 자신도 다른 누군가에게 도움이 되고 싶다는 생각이 들었다. 지금부터 어떤 삶을 살아야 할지에 대해 깊은 고민에 빠졌다. 고민 끝에 황 사장은 현재 명동 관광특구협회 회장을 맡아 명동 발전을 위해 봉사하고 있다.

한편 황 사장이 현재 살고 있는 아파트에는 남다른 추억이 깃들어 있다. 신세계 백화점 본점 건너편에 위치한 우리은행 본점 인근 지역인데, 그곳에는 60년대 도시개발 과정에서 지어진 아파트와 이제는 낡아 허물어져가는 주택 사이로 고층 아파트가 들어서 있다. 은행 옆에는 520년이나 된 은행나무가 그동안의 역사를 기억하기라도 하듯 묵묵히 자리잡고 있다. 우리나라에서 처음 등장했던 아파트 중 하나인 제2시범아파트와 초고층 아파트가 묘한 조화를 이루는 지역이 바로 황 사장이 리어카를 보관하던 장소였다. 그런 추억이 깃든 장소에 들어선 고층아파트에서 자신이 살게 될 줄은 꿈에도 몰랐다고 한다.

황 사장이 리어카를 세워두고 장사를 했던 곳에 현재의 사무실도 있다. "인생은 그렇게 돌고 도는 건가 봐요. 그래서 항상 바른 생활을 하려고 노력해요. 모사를 꾸미거나, 싸우거나 하지 않으려고 합니다." 황 사장은 삶이란 모름지기 바른생활 교과서 같아야 한다고 생각하며 최고를 향해 성실하게 일한 결과 현재의 부와 명예를 누릴 수 있었다.

자산관리 베테랑의 팁

"고수에게 배우자."

장사를 잘하기 위해선 고수에게 배워야 한다. 선배들의 경험을 바탕으로 시행착오를 줄여 단숨에 고수의 반열에 오를 수 있기 때문이다. 처음부터 혼자서 무언가를 이루려고 하면 목표에 도달하기까지 너무 많은 난관을 거쳐야 하고, 자칫 실패할 가능성도 크다. 그래서 좋은 사업 스승을 만나야 소프트 랜딩이 가능하다.

지혜롭고 믿을 수 있는 스승을 '멘토'라 부른다. 그리스신화 속 오디세우스의 조언자 멘토르(mentor)에서 유래한 말이다. 오디세우스는 트로이 전쟁에 나서며 친구인 멘토르에게 아들 텔레마코스의 교육을 부탁했다. 멘토르는 친구처럼, 선생처럼, 아버지처럼 텔레마코스를 이끌어주었다. 이후 멘토르의 이름은 '현명하고 성실한 조언자', '지혜로운 스승'이라는 뜻으로 쓰이게 됐다.

누구든 새로운 일을 처음 시작할 때에는 두려운 법이다. 그때 멘토를 찾아가 지혜를 배우면 성장에 많은 도움이 될 뿐만 아니라 시행착오의 시간을 줄일 수 있다. 황 사장도 군 제대 후에 혈혈단신 남대문으로 발걸음을 옮겨, 남대문시장 최고의 장사꾼을 멘토로 삼았다. 밑바닥부터 시작한다는 마음으로 멘토에게 차곡차곡 노하우를 배운 덕분에 명동 최고 부자의 반열에 오를 수 있었다.

좋은 멘토는 의외로 가까운 곳에 있다. 토트넘 홋스퍼 FC에서 활약 중인 손흥민 선수는 대한민국을 넘어 세계적으로 그 실력을 인정받는 세계적인 축구 선수로 성장했다. 손흥민 선수에게는 아버지 손웅정 씨의 가르침이 있었다. 누구보다 가장 가까운 곳에서 아들을 위한 멘토 역할을 자처하며 아낌없는 지지를 보내준 아버지의 힘은 위대했다. 그 덕분에 손흥민 선수는 뛰어난 재능을 토대로 흔들리지 않는 실력까지 겸비할 수 있었다. 축구 선수 출신인 손웅정 씨는 '즐기는 축구'를 모토로 자식을 이끌었으며, 손흥민 선수 역시 자신을 가장 잘 아는 아버지를 멘토로 삼아 혹독한 훈련을 이겨내며 세계적인 선수로 성장할 수 있었다.

사회생활에서도 멘토의 역할은 중요하다. 이제 막 기업체에 입사한 신입사원의 경우, 업무뿐만 아니라 사회구성원으로서의 역할을 해내기에는 역부족이다. 신입사원들이 회사생활에 잘 적응할 수 있도록 각 기업체에서는 업무 성적이 우수하고 평판이 좋은 선배 직원을 멘토로 지정해 후배를 이끌어주는 제도를 활용하고 있다. 이처럼 제도적인 시스템이 아니더라도 주변을 돌아보면 나보다 능력이 출중하거나, 뛰어난 통찰력을 가진 사람들이 있기 마련이다. 새로운 분야에 도전한다면, 멘토로 삼을 사람들을 찾아보라. 누구라도 새로운 조직에 들어가면 적응하는 시간이 필요하고, 낯선 업무를 제대

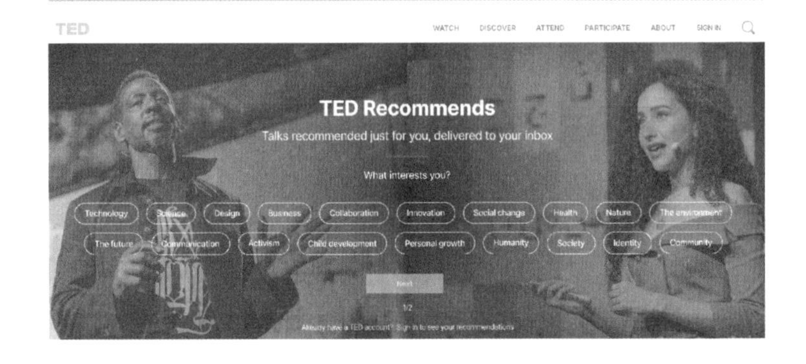

출처: TED 홈페이지

로 해내지 못한다. 이때 나에게 꼭 필요한 노하우를 전해줄 멘토를 찾아야 한다. 나의 업무를 잘해내기 위해서라도 해당 업무에 능통한 선배를 제대로 찾아가 배워보자. 일상적인 업무조차 잘 해내지 못하는 사람이 사업에 뛰어든다고 잘해낼 리 만무하다.

멘토를 찾으려는 노력 외에도 발품을 들여야 한다. 요즘은 분야별로 온라인 강의도 잘 갖춰져 있고, 조금만 노력하면 원하는 정보를 쉽고 빠르게 얻을 수 있다. 업계에서 잔뼈가 굵은 인물이나 유명 강사의 강연을 들어볼 기회도 많아졌다. 조금만 관심을 기울이면 자신에게 도움이 되는 강연의 기회는 널려 있다. 심지어 빅데이터를 기반으로 나의 관심사 등을 반영해 도움이 될 만한 좋은 멘토를 찾아주는 서비스까지 등장했다. 세계적인 석학뿐만 아니라 현재 가장 뜨거운 관심을 받고 있는 인물들의 강연을 실시간으로 볼 수 있는 TED(Technology, Entertainment, Design)의 경우 세계 각지에서 정기적으로 토크 콘서트 형식의 'TED TALKS'를 진행하고 있다. 클릭 한 번이면 분야의 경계를 넘나들며 괄목할 만한 업적을 이룬 사람들의 강연을 보고 들을 수 있다. 자연스럽게 영어 공부까지 겸할 수 있으니 금상첨화가 아닐 수 없다.

국내에서 자신과 비슷한 관심사를 가진 고수를 찾거나 자신이 원하는 분야의 멘토를 찾아주는 앱들도 많이 개발됐다. 앱스토어에서 '멘토', '고수'라는 검색어를 넣기만 하면 수십 종류의 앱을 만날 수 있다. 또 다음카카오에서 운영 중인 블로그 플랫폼 '브런치' 앱에서는 현업에서 일을 하며 글을 쓰는 고수들의 생생한 이야기를 접할 수 있다.

책 역시 좋은 선생님이다. 스마트폰이 등장하면서 우리 일상에서 멀어진 지식 매체 중 가장 대표적인 것이 책이다. 인류의 역사를 통틀어 책은 가장 많은 가르침을 사람들에게 전파한 도구다. 자신이 원하는 지식, 배우고 싶은 기술, 알고 싶은 업무가 있다면 해당 분야의 책을 10권만 읽으면 된다. 평소 책을 읽을 시간이 없다고 입버릇처럼 말하는 사람은 읽을 생각이 없을 뿐이다. 일상생활 속에서 틈새의 시간은 생각보다 많다. TV를 보는 시간, 스마트폰을 들고 만지작거리는 시간, 출퇴근 시간을 조금씩만 활용해도 가능하다.

무엇보다 창업을 생각한다면 밑바닥부터 제대로 배우자. 황 사장이 남대문에서 리어카를 끌며 바닥부터 시작했듯이 제대로 배울 각오를 해야 한다. 오랜 시간이 걸린다고, 어렵고 힘들다고 피하기만 하면 안 된다. 잃을 것이 없다는 각오로 뛰어들어야만 명동 부자처럼 성공할 수 있다.

3

/ 알뜰형 /

“동전 한 푼도 무시하지 마라”

돈을 다루는 습관을 보면
인격까지 알 수 있다

“장기투자는 적어도 3~4년 투자하는 것으로 생각합니다. 무언가를 사기 전에 철저히 조사하고 사기로 했으면 요행을 바라지 않고 내버려둬야죠. 10개를 담았으면 2개 정도는 마이너스가 날 수도 있어요. 하지만 나머지 8개가 수익을 내줄 겁니다.”

- 이름: H 사장
- 현재 직업: 임대사업, 자산운용
- 나이: 만 56세
- 명동에 터를 잡은 시기: 1980년대
- 보유 자산의 종류와 규모: 부동산, 주식, 채권, 약 천억 원대

작은 돈이라도 스스로 벌어본 사람이 부자가 된다

H 사장의 모친은 일찍이 명동에서 의상실을 운영하며 터를 잡았다. 70~80년대는 명동이 명실상부한 패션 1번가로서의 위세를 구가하던 시절이다. 단아한 디자인과 좋은 소재의 옷을 만들던 모친의 의상실은 입소문을 타며 인기를 누렸다. H 사장에게 명동은 어린 시절의 추억을 고스란히 간직하고 있는 장소였다. 개인적으로 애착을 가진 만큼 자연스레 투자의 대상으로 여기게 됐다.

H 사장은 20대 중반 무렵 은행에서 5년간 근무했다. 은행에 들어가고 얼마 지나지 않아, 어머니께서 1,000만 원을 쥐어주시며 직접 운용해보라고 했다. 80년대 중반이면 잠실 주공아파트 13평이 500만 원에 거래되던 시절이었으니 상당히 큰 액수였다. 그런데 돈을 빌려달라는 동료 직원의 부탁에 1,000만 원 중 일부를 내어주었고, 그 돈을 결국 돌려받지 못했다. 나머지 돈도 계획 없이 사용하다 보니 3개월 만에 1,000만 원이란 큰돈을 모두 날려버렸다.

H 사장은 그 사건을 계기로 돈이란 부지불식간에 날아가버릴 수도 있음을 깨달았다고 한다. 그 후로 돈을 우습게 보거나 마구 쓰지 않는 습관을 철저히 지키며 살았다. 은행에서 몇 년간 근무하면서 숫자에 대한 감도 더욱 익혔다. 큰돈이 움직이는 것을 늘 예의주시하며 숫자에 대한 감각을 바탕으로 투자에 뛰어들었고 수익을 남기

기 시작했다. 수익이 생기면 재투자를 했고, H 사장의 탁월한 숫자 감각으로 자산은 점점 불어났다. 현재 그는 명동 지역의 임대사업뿐만 아니라 주식과 채권도 직접 운용하고 있다.

부자는 작은 돈에는 무신경하고 큰돈에만 관심을 가질 거라고 사람들은 오해한다. 하지만 작은 돈을 아끼지 않고서 큰돈을 벌 수는 없다. 자수성가한 부자들은 대체로 10원만 맞지 않아도 그 이유를 찾아낸다. 한번은 H 사장이 은행으로 전화를 해 "차장님, 은행에서 나오는 동전 비닐 좀 보내주세요."라는 부탁을 했다. H 사장은 어릴 때부터 10원짜리 동전 하나라도 소홀하게 관리하면 엄격한 아버지에게 꾸지람을 들었다고 한다. 그 습관이 몸에 배 외국 여행을 다녀오면 남은 동전 하나도 소홀히 하지 않고 보관하기 위해 동전 비닐을 달라고 한 것이다. H 사장뿐만 아니라 다른 명동 부자들 역시 은행 창구에서 종이 한 장, 휴지 한 장 낭비하는 모습을 결코 보이지 않는다.

스가와라 게이의 《부자들이 죽어도 지키는 사소한 습관》에는 책 제목처럼 일본의 부자들이 돈을 모으기 위해 목숨처럼 지키는 작은 습관들이 넘쳐난다. 돈을 지불할 때에도 금액별로 정리해서 지갑에 보관하기, 동전을 지폐 위에 올려 고정하기, 외모를 깔끔하게 정돈하기, 매장의 계산원이 돈을 가져가기 쉽게 배려하기와 같은 생활 속 습관을 지키는 사람이 부자가 된다고 전한다. 또 반대로 돈을 거칠게 다루는 사람은 상대방에게 자신의 인격이 그대로 드러나므로 평소 돈을 다루는 습관을 주의해야 한다고 한다. 돈을 상대방에게 공손하게 건네는 행위는 상대방과 돈에 대한 예의를 지키는 것을 넘어 자기 자신에게 경의를 표하는 행위라는 것이다. 이런 행동을 하는 사람이야말로 돈을 함부로 쓰지 않을 뿐만 아니라 진정으로 돈을 벌어들이는 부자가 될 수 있다.

부자들의 공통점은 돈의 액수가 크건 작건 다 같은 돈이라 생각한다는 점이다. 부자들은 돈을 그저 돈으로 볼 뿐, 크고 작음을 구분하지 않는다. 스스로 10만 원도 벌어보지 못한 사람은 1,000만 원을 버는 법을 모르고, 1억 원을 모으는 법을 모른다. 그래서 부자는 인색하다는 말을 듣는 것이다. 하지만 부자를 오해하는 사람들은 단순히 부자의 습관을 따라 하려고만 든다. 또 돈에만 집착해 돈의 가치를 놓치고 만다. 돈에 대한 좋은 습관을 지닐 수 있도록 사용 가치를 항상 고려해야 한다.

주식이나 환율 시장은 아무리 철저히 분석한다 하더라도 갑작스러운 돌발 변수를 대비하기 힘들다. 종종 전문가의 예측이 무색해질 정도다. H 사장이 달러를 살 때 철저히 분산 매수를 하는 것도 환율 시장에서 생길 변수를 고려하기 때문이다. 여러 번에 걸쳐 매수함으로써 환 리스크를 줄인다. 달러를 매수하는 날에는 하루에도 수차례 연락을 한다. "차장님, 지금 달러 좀 사고 싶어요." 단 1만 달러를 사더라도 철저하다. 환율이 급등하거나, 급락하는 날에는 은행 직원들은 H 사장을 비롯해 많은 명동 부자의 전화를 받느라 정신이 없다. 똑같은 곳에서 정보를 받는 건 아닌가 싶을 정도로 동시다발적으로 수차례 연락을 주는 명동 부자들의 리스크 관리 능력은 이처럼 뛰어나다.

펀드에 가입할 때에도 마찬가지다. H 사장은 한번 투자를 결정하면 장기 보유를 원칙으로 삼으므로 결정의 순간에 모든 에너지를 쏟는다. H 사장의 이런 투자원칙을 보면 워런 버핏의 투자원칙이 떠오른다.

투자의 원칙 1번, 돈을 잃지 않을 것

투자의 원칙 2번, 원칙 1번을 절대 잊지 않을 것

2~3퍼센트의 배당 수익 역시 중요하게 생각한다. 안정적 수익을 꾸준히 내는 회사가 지급하는 배당금은 항상 좋은 수익의 원천이다. 평균적으로 무배당 주보다 배당 주의 수익율이, 저배당 주식보다 고배당 주식의 수익률이 높다. 배당이 증가하는 주식이면서 좋은 가격에 매수할 수 있는 주식이라면 투자 포트폴리오를 건전하게 만들어준다. 게다가 좋은 배당주라면 상승의 여지가 있는 좋은 주식이다. H 사장이 배당 수익도 간과하지 않는 이유다.

H 사장의 정확한 숫자 개념과 철저한 분산 투자 습관은 엄한 아버지 아래서 받은 교육과 은행 근무 경력 덕분이다. 아버지에게 돈을 빌리고 3부 이자를 낸 적도 있다고 했다. 자산을 관리하는 데도 틈새가 없는 것은 엄격한 가정 교육 아래에서 검소하고 꼼꼼한 경제 습관을 배운 덕분이라고 한다. H 사장의 꼼꼼함은 상품을 가입할 때도 마찬가지다. 하나의 상품에 가입하기 위해 각기 다른 금융기관을 적어도 세 군데 이상 크로스 체크한 후 결정한다.

자산관리 베테랑의 팁

"숫자를 경영하라."

은행원은 숫자를 가지고 사는 사람이다. 온종일 숫자를 보며 일을 하다 보면 어느 순간 수에 대한 자연스러운 감이 몸에 밴다. 이렇게 숫자에 강해진 사람은 투자를 하거나 경영을 할 때 소위 '숫자 경영'을 실천하게 된다. 모든 일에 대충 임하는 일이 없어지고 정확하게 수로 검증하기 때문이다.

명동 부자들의 습관을 평범한 직장인에게 어떻게 적용해볼 수 있을까? 먼저 투자를 하기 위한 나만의 최소 금액을 정해보자. 1,000만 원, 3,000만 원, 5,000만 원 식으로 목표 금액을 정해두고 시작한다. 어떤 투자든 최소한의 금액을 모은 후에야 비로소 시작해볼 수 있다. 만약 금융상품에 가입하거나 대출을 받으려 한다면 최소 두 군데 이상의 금융기관을 방문해 비교해야 한다. 두 군데 이상 상담을 받아보면 금융권에서 출시한 상품에 대한 맥락을 잡을 수 있다.

최근 들어 이전에는 경험해보지 못한 저금리 시대가 도래했다. 정기예금 가입을 위해 은행을 방문해보면 직원이 ELS(Equity Linked Securities, 주가연계증권)를 권유하는 경우가 있다. ELS란 특정 주식이나 주가지수의 가격 움직임에 따라 사전에 정한 수익을 지급하거나 가격 하락 시 손실이 날 수도 있는 파생결합증권 상품이다. 각 은행마다 매주 20여 가지의 상품을 출시하고 있으며 상품의 구조도 조금씩 상이하다. 두 군데 이상 방문해 설명을 들어보면 직원이 상품을 설명하는 방식도 다르고, 추천하는 상품의 구성도 다르다. 이렇게 여러 상품을 비교하며 상담을 받아야지만 나에게 더 적합한 상품이 무엇인지 알게 된다.

창구에서 상품을 권유하다 보면 비교하지 않고 바로 가입 결정을 하는 고객도 있고 꼼꼼히 물어보고 가입을 결정하는 고객도 있다. 결국, 모든 투자의 책임은 본인에게 있으므로 꼼꼼이 비교토록 하자. 최근 일어난 DLS사태만 보더라도 알 수 있듯이 원금을 보장하지 않는 상품에 대해서는 특히 더 신중을 기해야 한다.

평범한 직장인들이 회사를 다니면서 주식에 투자하기란 여간 번거로운 것이 아니다. 가장 접근성이 좋고 간편한 투자 상품으로 펀드가 대표적이다. 예를 들어 3년짜리 적금을 가입하려고 은행에 방문했는데 직원이 3년 만기 적금과 3년간 불입하는 적립식 펀드를 권유했다고 가정해보자. 매월 50만 원씩 연 이율 2퍼센트의 적금에 가입할 시 3년 만기 원금은 18,000,000원에 이자 469,777원(세후)이다. 적립식 펀드를 매월 50만 원씩 불입해 연 수익률 2퍼센트씩 6퍼센트의 수익을 냈다고 가정하면 3년 원금 18,000,000원에 913,680원의 수익이 발생한다. 이를 적금으로 환산하면 연 이율 3.6퍼센트의 효과나 마찬가지다. 다만 펀드도 엄연히 투자 상품이므로 이익을 낼 수도 있고 손실을 줄 수도 있다는 점을 잊지 말자. 무턱대고 직원이 추천해주는 상품에 가입하지 말고 각각의 상품에 가입했을 때 발생하는 기회비용을 예상해보고 자신의 투자 성향에 맞는 상품을 선택하자.

또 한 가지 상품이나 한 번의 거래에 올인하지 말자. 손실의 리스크를 줄이고 싶다면 적어도 세 가지 상품으로 구분해, 세 번에 나누어 거래하라. 펀드에 가입할 때도, 달러를 살 때도, 주식을 살 때도 마찬가지다. H 사장은 5만 달러를 살 경우라면 5천 달러로 10번에 나눠 거래한다. 시장은 예측 가능한 요인보다 예측할 수 없는 요인이 더 많기 때문이다. 2001년 〈월스트리트저널〉 유럽판에서는 투자 전문가 그룹과 원숭이의 투자 대결을 기사로 다루었다. 원숭이에게는 투자 종목을 표시한 물건을 보여주어 고르게 하고, 사람에게는 투자할 종목을 신중하게 검토해 고르도록 했다. 얼마 후 원숭이와 사람이 고른 종목들의 수익률을 비교해보았다. 놀랍게도 원숭이가 더 높은 수익을 거두었다. 그만큼 시장이란 예측하기 힘들기 때문에 분산 투자가 반드시 필요하다.

투자에 신중을 기할 뿐만 아니라 돈에 대해서도 예의를 다하고 지폐 한 장 한 장 깨끗이 펴서 소중히 관리하자. 명동 부자들 중에는 지폐도 항상 가지런히 정리하는 사람들이 많다. 은행 창구에서 현금을 내어주면 지폐의 방향이나 금액의 순서를 맞추는 모습을 흔히 볼 수 있다. 돈에 대한 예의를 다한다는 것은 돈을 아끼는 것 이상을 의미한다. 지폐 한 장, 동전 하나도 중요하게 생각하는 사람일수록 적은 돈일지라도 그 돈을 버는 데 얼마나 큰 노력이 필요한지 안다. 자연히 돈을 소중히 다루는 사람은 가치 있게 쓰는 법도 잘 안다. 명동 부자가 기부를 소홀히 하지 않는 까닭이다.

지폐를 많이 쓰지 않는다면 가지고 있는 카드 관리를 해보자. 지갑 속의 카드나 스마트폰에 저장된 카드의 수를 줄이고 나에게 꼭 필요한 것만 사용하자. 돈을 소중히 하고 조심스럽게 대하는 마음이 있어야만 부자가 될 수 있다는 것을 명심해야 한다.

4

/ 소통형 /

"고객의 니즈를 파악하라"

프랑스 유학을 포기했지만
남대문에서 글로벌 비즈니스맨으로 도약한 명동 부자

"직장을 다닐 때 디자인했던 옷과 무엇이 다른 것인지 알 수 없었어요. 고민에 고민을 거듭한 끝에 깨달음을 얻었습니다. 바로 관점의 차이였어요. 고객의 니즈를 제대로 파악하지 않았던 겁니다."

- 이름: 임대운 사장
- 현재 직업: 의류 도소매, 의류무역, 임대사업
- 나이: 만 53세
- 명동에 터를 잡은 시기: IMF 이후
- 보유 자산의 종류와 규모: 부동산, 주식, 금융자산, 약 천억 원대

손님을 외면한 시장은 죽은 시장이다

임대운 사장은 패션을 전공했다. 자신의 전공을 살려 원하는 의류 회사에 입사했고, 업종의 특성상 종종 남대문시장을 찾았다. 임 사장은 생동감 넘치는 남대문시장을 매력적으로 느꼈다. 당시 친구들은 프랑스 유학을 갔지만, 임 사장은 평소 동경하던 남대문으로 직장을 옮기기로 했다. 급기야 유학을 가기 위해 모아두었던 자금을 풀어 남대문에서 장사를 시작했다. 직장을 다닐 적에 꽤 많은 히트 상품을 제작했기에 사업 초기에는 자신만만했다. 하지만 남대문시장에서 맞닥뜨린 현실은 그리 녹록지 않았다. 임 사장이 만든 옷이 전혀 팔리지 않았기 때문이다.

임 사장은 고민에 빠졌다. '왜 그럴까, 직장에 다닐 때 디자인했던 옷과 무엇이 다른 걸까?' 고민을 거듭하던 끝에 큰 깨달음을 얻었다. 그것은 관점의 차이였다. 고객의 니즈를 제대로 파악하지 않았던 것이다. 직장 생활 당시에는 회사에서 원하는 옷을 제작했으나 남대문에 들어와서는 임 사장이 만들고 싶은 옷만 만들었다. 그 과정에서 시장을 읽지 못하고, 고객을 파악하지 못했던 것이다. 디자인 콘셉트를 완전히 바꾸어 고객이 원하는 상품으로 디자인하기 시작했다. 그러자 드디어 상품이 팔리기 시작했다.

고객의 니즈를 파악하지 못해 실패한 사례는 대기업에서도 종종

"수출을 통해 달러 자산을 보유할수록
달러 자산 가치가 상승해 전체 자산의 가치가
상승한다는 것을 깨달았습니다.
더 이상 국내에 머물기만 해서는 사업 확장에
한계가 있다는 것도 깨달았죠."

▶ 임대운 사장의 임대 건물

찾아볼 수 있다. 맥도날드는 다이어트 버거에 대한 소비자의 수요를 예측해 1991년에 다이어트 버거를 출시했지만, 소비자에게 철저하게 외면당했다. 패스트푸드에 갖고 있는 소비자들의 이미지와 다이어트 버거가 맞지 않는 것이 가장 큰 이유였다. 소비자는 햄버거를 먹기로 마음먹은 순간에는 다이어트보다 햄버거의 맛에 더 초점을 맞춘다는 사실을 읽지 못한 것이다. 이렇듯 소비자에게 외면당하는 장사는 의미가 없다.

반면 스타벅스는 서울의 핵심 상권이 아닌 지방 주유소를 매입해 드라이브스루 매장을 도입하는 전략으로 성공했다. 주로 차로 이동하는 지방 사람들의 특징을 제대로 파악했고, 지인들과 편안하게 커피 한잔하고 싶은 장소를 원하는 소비자의 니즈를 잘 파악한 것이다. 다이어트 버거에서는 실패한 맥도날드도 밀크셰이크를 판매하는 전략을 성공시켰다. 성인 남성의 40퍼센트가 긴 운전시간에 마실 수 있는 음료로 밀크셰이크를 선택한다는 점을 읽어냈다. 운전하며 한 손으로 먹을 수 있고, 점심까지 허기를 채울 수 있는 음료로는 밀크셰이크가 제격이었다. 시장 조사를 마친 후 성인 남성에게 공략할 수 있는 밀크셰이크를 개발했고 판매량이 7배나 신장했다.

임 사장 역시 고객의 니즈를 정확히 파악하자 판매량이 눈에 띄게 올라가기 시작했다. 옷은 불티나게 팔렸고 사업은 점점 커져갔다. 하지만 IMF라는 시련이 닥쳤다. 이제 막 사업에 파란불이 켜졌는

데, IMF라는 것이 왜 자신의 발목을 잡는 것인지 궁금했다. 도대체 그 녀석이 누구인지 궁금했다. 임 사장은 경제학을 전공한 직원에게 IMF에 대한 한 장짜리 리포트를 요청했다. 이내 IMF의 핵심은 환율이라는 결론을 내렸다. 곧바로 외화벌이를 위한 수출을 준비했다.

일본 최초로 세계적인 부호와 경영자들을 위한 집사 서비스 회사를 차린 아라이 나오유키는 《부자의 집사》에서 비즈니스의 성공 원리를 밝히고 있다. 우선 상대방에게 전하려는 내용이 어렵고 복잡하다면 최대한 단순하고 알기 쉽게 제공해야 한다. 복잡한 구조를 찾아내면 고객의 니즈와 같은 핵심적인 기회를 함께 발견해낼 수 있다. 그것이 바로 사업으로 이어질 수 있는 핵심 아이템이다. 복잡한 시대적 흐름을 재빨리 읽어낸 임 사장은 한 치의 망설임 없이 환율이라는 기회를 잡았다. 수출을 통해 달러 자산을 보유할수록 달러 자산 가치가 상승해 전체 자산의 가치가 상승한다는 것을 재빨리 파악한 것이다. 더 이상 국내에 머물기만 해서는 사업 확장에 한계가 있다는 것도 깨달았다.

곧바로 일본어를 통역해줄 직원을 채용했고 일본으로 건너가 오더를 따기 위한 패션쇼를 열기 시작했다. 초기에는 어디에서도 연락이 오지 않았다. 그렇게 한 달이 지나고 두 달이 지나 일본 바이어로부터 주문이 하나둘 들어오기 시작했다. 본격적인 무역업을 시작한 것이다. 시대 흐름을 정확히 읽어낸 임 사장의 판단은 적중했다. 임 사장은 더 이상 국내에서만 만족하지 않는 글로벌 상인으로 발돋움하며 많은 외화를 벌어들이기 시작했다. 달러 자산을 보유하기 위해 국내 시장에만 머물지 않고 발 빠르게 해외로 눈을 돌려 달러로 거두어들인 자산의 가치를 상승 궤도에 올려놓았다. 일본 바이어의 입장으로서도 원화 가치 하락으로 인해 개성 있고 트렌디한 옷을 저렴한 가격에 구매할 수 있는 기회가 됐다. 임 사장도 수출 증가로 본격적인 외화벌이를 시작했다. 신라시대에 작은 땅에 머물지 않고 해외 시장을 개척한 장보고처럼 임 사장은 작은 의류상에서 시작해 글로벌 비즈니스맨으로 거듭난 것이다.

임 사장의 탁월한 감각은 평소 은행 거래를 할 때도 빛을 발한다. 한번은 임 사장에게 ELS 상품을 권유한 적이 있다. ELS는 가입 시 정해진 기초자산의 기준가가 평가일에 일정 수준 이상이면 사전에 정해진 수익을 지급하는 구조다. 대개의 고객은 ELS 구조에 대해서만 질문한다. 몇 퍼센트의 수익을 내는지, 편입되는 기초자산의 추이는 어떻게 되는지, 어떤 경우에 손실이 발생할 수 있는지 등이다. 그런데 임 사장은 달랐다. "고 차장, 이 상품은 3년 만기 시점에 손실만 나지 않으면 항상 연 5퍼센트라는 수익을 주는 구조네요. 이 상품을 만든 회사는 어떤 구조로 만들어냈다는 말이죠? 도대체 어떤 모델이기에 종잡을 수 없는 금융시장에서 항상 5퍼센트를 보장해준단 말이에요?" ELS 상품의 원 구조에 대해 물어본 단 한 명의 고객이었다.

자산관리 베테랑의 팁

"고객이 원하는 것이 정답이다."

시장에서는 내가 팔고 싶은 물건을 파는 것이 아니라 고객이 사고 싶어 하는 물건을 팔아야 한다. 그것이 단 하나의 원칙이다. 어떠한 아이템이든 고객이 원하는 니즈를 제대로 파악하지 못하면 실패할 수밖에 없다. 사업 초기에는 고객의 니즈를 파악하지 못해 실패했으나, 시행착오를 발판 삼아 사업을 성공으로 이끌어낸 임 사장처럼 고객의 생각을 읽기 위해 끊임없이 공부해야 한다.

평범한 직장인도 평소 많은 고객들을 만난다. 가까이에서 매일 보는 가족, 직장 동료, 비즈니스 파트너에 이르기까지 말이다. 내 주위 사람을 고객이라 생각하고 그들의 니즈를 파악하는 것부터 연습해 보자. 내 주변 사람의 생각도 읽어내지 못하면서 일면식도 없는 손님의 마음을 읽을 수는 없지 않은가. 미국 하버드대학교의 제럴드 잘트먼 교수에 의하면 말로 표현되는 니즈는 5퍼센트에 불과하다고 한다. 나머지는 고객 스스로도 잘 알지 못하거나 설령 알았다고 해도 표현하지 못한다. 숨겨진 니즈를 파악하지 못해 실패하는 상품이 많다는 사실에 주목해야 하는 이유다. 사람들은 속마음을 잘 드러내지 않는다. 숨겨진 속마음을 알아채기 위해서는 상대방의 행동을 지속적으로 관찰하며 파악해야 한다.

스웨덴의 생활 가전 회사인 일렉트로룩스는 고객의 가정을 방문해 청소 동작을 관찰한 후 '2 in 1' 무선청소기인 '에르고라피도'라는 신제품을 내놓았다. 그 제품을 개발하기까지 1,500여 가구 이상을 방문해 청소 동작을 관찰했다고 한다. 일렉트로룩스의 개발팀은 고객들이 대형 청소기를 사용할 때에는 무거운 본체를 끌고 다니기 힘들어하고, 휴대용 청소기를 사용할 때에는 허리를 굽혀야 한다는 사실을 발견했다. 관찰 결과를 바탕으로 허리를 펴고 꼿꼿이 선 자세에서도 편리하게 이용할 수 있는 막대형 청소기를 개발한 것이다. 결과는 대성공이었다. 이처럼 주변 사람의 행동도 관찰하다 보면 그가 무엇을 원하는지 파악할 수 있다.

혹시 새롭게 구상하고 있는 사업 아이템이 있다면 관련 매장을 방문해 소비자가 구매하는 모습을 관찰해보자. 또는 자신이 생각한 것과 비슷한 제품을 사용하는 사람이 있다면 사용하는 패턴을 지속적으로 관찰해보자. 소비자가 왜 그런 행동을 하는지에 대해 고민을 반복하다 보면 소비자의 잠재된 니즈가 보이기 시작한다. 가까운 가족이나 직장 동료를 관찰하는 것부터 시작해봐도 좋다. 상대방의 생각을 읽는 연습을 하다 보면 부자가 되는 빠른 길을 찾는 것과 동시에 소통을 잘하는 사람으로 거듭나 가정에서도 직장에서도 인정받을 수 있다.

상대방의 생각을 이끌어내기 위해서는 개방형 질문을 하는 연습을 하면 된다. 객관식에만 익숙한 우리나라 사람들은 주관식 시험을 어려워하는 경향이 있다. '예, 아니요'라는 두 가지 대답만 나오는 폐쇄형 질문이 아니라 상대방을 대화에 참여시키는 개방형 질문을 연습해보자. "이 상품 찾으시나요?"가 아니라 "어디에 쓰시려고 하나요?", "지금 사용하는 상품의 어떤 부분이 불편하셨나요?"라는 식으로 질문해야 한다. "저는 무조건 안전한 상품만 찾아요."는 "안전하면서 수익이 좀 나는 상품을 찾아요."라는 말이고, "곧 사용할 자금이라 오래 묶어두지 못해요."는 "당장 쓸 자금은 아니지만, 원할 때는 언제든 뺄 수 있어야 해요."라는 표현이라는 걸 나 역시 VIP 창구에서 다년간 근무한 후에 깨달았다. 물론 뉘앙스에 따라 조금씩은 다르지만 말이다.

마지막으로 상대방의 말을 잘 들을 줄 알아야 한다. 대화를 잘 끌어내는 사람은 말을 잘 하는 사람이 아니라 상대방의 말을 잘 들을 줄 아는 사람이다. 잘 듣는 것만으로도 상대의 마음을 얻을 수 있다는 말도 있다. 누군가 자신의 이야기를 잘 들어주면 존중받는 느낌을 받아 그와 신뢰 관계를 형성하게 되고 진솔한 대화도 가능해진다. 하지만 그만큼 상대방의 마음을 읽어내는 것은 결코 쉽지 않다. 약간의 기술도 필요하다. 상대방의 이야기를 들을 때 그냥 듣지 말고 리액션을 하자. 고객도 끄덕거리고, 추임새도 넣으며 상대방이 얘기한 마지막 동사를 반복해 따라 하면서 자신이 주의 깊게 듣고 있음을 주지시키는 것도 좋은 방법이다. 어느 순간 소통의 달인이 되어 있는 자신을 발견하게 될 것이다.

5

/ 집중형 /

"한 놈만 판다"

플래그십 프로덕트로
가게의 정체성을 무엇보다 강조한 명동 부자

"100가지 물건을 가지고 오면 들러리 물건이 50퍼센트, 시나브로 나가는 물건이 30퍼센트, 주력으로 나가는 물건이 20퍼센트 정도 됩니다. 20퍼센트의 주력상품이 가게의 매출을 주도하는 거예요. 사람 눈은 다 똑같거든요. 누가 봐도 사고 싶은 물건, 바로 그 물건을 가져와야 해요. 주력상품이 좋으면 손님이 안 올 리가 없어요. 게다가 주력상품을 사러 들어와서 다른 물건까지 사가게 되죠."

- 이름: 조귀현 사장
- 현재 직업: 의류 소매, 임대업
- 나이: 만 61세
- 명동에 터를 잡은 시기: 1985년도
- 보유 자산의 종류와 규모: 부동산, 주식, 약 백억 원대

주력상품으로 승부하다

조귀현 사장은 1985년에 명동 지하상가에서 작은 옷가게로 장사를 시작했다. 명동 지하상가는 지금의 4호선 지하철 명동역과 연결된 길지 않은 상가이지만 당시만 해도 옷가게가 즐비한 유명 상권이었다. 조 사장의 부인은 지하상가의 작은 가게에서 직원으로 근무하고 있었다. 어느 날 가게 사장이 캐나다로 이민을 가게 되어 가게를 인수할 사람을 찾고 있었다. 좋은 기회라고 여긴 조 사장의 부인이 인수 이야기를 꺼냈고, 조 사장은 좋은 기회라 생각했다. 당시에 살고 있던 집 전세 보증금을 빼서 가게를 인수했다.

명동 지하상가는 장사가 상당히 잘되는 상권이기는 하지만, 주인이 수시로 바뀌는 곳이기도 했다. 하지만 조 사장의 가게는 손님이 끊이질 않았다. 특히 다른 가게와는 달리 20대 여성을 주 타깃으로 하는 주력상품이 확실하게 있었기 때문이다. 또 독특하고 세련된 옷을 만드는 공장과 몇 군데 거래하고 있던 것이 도움이 됐다. 조 사장이 거래하는 공장의 옷들은 인기가 좋아 새벽잠을 자지 않고 가야만 겨우 물량을 확보할 수 있었다.

당시 조 사장의 가게에 가면 다른 가게에서는 볼 수 없는 스타일의 옷을 구할 수 있다는 입소문이 나면서 연예인들도 찾아오곤 했다. 80년대 초반 무렵, 이목구비가 또렷한 중학생이 엄마와 함께 방문한 적도 있었는데 나중에 보니 어린 시절의 김혜수 배우였다고 한다. 장사가 하도 잘되던 시절이라 전철이 끊길 때까지 장사하다 바로 남대문시장에 가서 다음 날 팔 옷을 떼오기도 했다. 또 옷가게라면 아침 일찍 문을 열지 않는 것이 보통이다. 그런데 조 사장의 가게는 아침 7시부터 문을 열다 보니 일찍부터 관광에 나선 일본 관광객들이 옷을 사 가기도 했다.

남다른 주력상품과 특유의 부지런함으로 조 사장의 가게 매출은 쑥쑥 신장했다. 1992년, 7년 만에 지하상가에서 지상으로 매장을 옮길 무렵에는 무려 7칸의 매장을 운영했다. 당시 지하상가는 단체상가 개념이어서 사장 한 사람이 개인 행동을 하기 힘들다는 제약이 있었다. 지상으로 올라오게 된 조 사장은 좀 더 넓은 시장에서 장사를 해보고 싶었다. 당시의 꿈을 간직한 채 지하상가에서 벗어나 지상 번화가에 새로운 옷가게를 차렸다.

지금은 도쿄와 서울의 패션 트렌드가 크게 다르지 않지만, 당시만 해도 도쿄 패션 스타일은 쉽게 접하기도 힘들고 무엇보다 이국적이었다. 그중에서도 신주쿠, 하라주쿠 거리에서 유행하는 패션은 트렌드에 민감한 젊은이들의 자유분방함을 그대로 표현하다 보니 명동에서도 인기몰이를 했다. 조 사장은 명동 사보이 호텔 옆에 '핑크하우스'라는 옷가게를 차리고 하라주쿠 스타일로 매장을 꾸몄다.

요즘처럼 인스타그램이니 페이스북 같은 SNS는커녕 인터넷도 없던 시절이다. 패션에 관심 있는 사람들도 〈논노〉 같은 일본 잡지들을 통해 겨우 일본의 패션 트렌드를 접할 뿐이었다. 〈논노〉 스타일을 흉내 내어 매장을 꾸며두니 5평 남짓의 핑크하우스에 발 디딜 틈이 없을 정도로 손님이 들이닥치며 대박이 났다. 아무리 모든 패션 아이템이 모여드는 명동이라 할지라도 일본 스타일은 쉽게 찾을 수 없던 상황에서 조 사장의 가게에는 항상 콘셉트가 분명한 주력상품이 있었기 때문이다. 이후 핑크하우스의 노하우를 가지고 좀 더 큰 매장으로 확장하면서 사업은 점점 번창했다.

당시 명동에서 옷가게를 하는 사장들은 주로 남대문에서 옷을 많이 구해왔다. 남대문에 많은 가게가 있지만, 그중에서도 옷을 좀 만든다고 하는 가게가 대여섯 군데 있었다. 워낙 인기가 많은 가게여서 그집의 옷을 받아오려면 세 시간만 자고 새벽마다 옷을 받으러 가야 했다. 조 사장은 매일같이 쪽잠을 자며 좋은 옷을 받아왔다. 주변의 몇몇 사장들도 조 사장을 흉내 냈으나 얼마 가지 못해 포기하고 말았다고 한다. 단연 조 사장이 남들보다 발 빠르게 확보한 옷들은 조 사장 가게만의 주력상품이 되어 메인으로 디스플레이됐다.

조 사장은 매장에서 잘 팔리는 셔츠를 몇 장 더 가져오려고 다섯 시간이고 여섯 시간이고 기다렸다. 그 셔츠를 팔아서 남는 것은 몇 푼 안 되어도 다른 가게에 없는 귀한 물건을 가지고 와야만 손님이 찾아오기 때문이었다. "다른 사람은 못 갖다놨어요. 그걸 가져다놓

으려면 잠을 못 자거든요." 대표 제품 하나를 정해 전체 마케팅에 활용한다는 플래그십 마케팅 개념이 우리나라에 들어오기도 전에 조 사장은 이미 플래그십 마케팅을 몸소 실천하고 있었던 것이다.

조 사장의 사업은 점점 확장되어 명동의 중심 유네스코 건물 코너 20평 매장을 비롯해 총 네 개의 매장을 운영하기에 이르렀다. 그런데 마지막 가게를 오픈하고 얼마 되지 않아 갑자기 IMF가 터져버렸다. 매출은 반토막이 났고, 처음 몇 달간 아주 힘든 상황이 지속되었다. 하지만 생각보다 사업의 회복 속도는 점점 빨라져서 IMF 이전만큼은 아니더라도 1년 만에 상당히 회복됐다. 조 사장은 여전히 주력상품을 가지고 오기 위해 열심히 발로 뛰었고, 가게를 찾는 손님도 끊이지 않았다.

"좋은 물건을 가지고 오려면 옷 싣고 오는 차가 언제 올지 모르니까 새벽에 나가서 기다려야 해요. 깜깜한 달빛 아래서 말이죠. 이대 같은 중요 상권에서 장사하는 사람 중에도 나 같은 사람이 얼마나 많겠어요. 차가 도착하면 사람들이 서로 물건을 차지하겠다고 싸우기도 해요. 공장에서 물건을 택시에 실어 보낼 때도 있는데 한번은 한꺼번에 택시에 달려드는 통에 택시 문짝이 떨어지기도 했죠. 정말 아수라장이었어요. 도매상 주인 중에는 옷이 분실될까 봐 간섭하는 사람도 있지만, 그런 상황을 내버려두는 주인도 있어요. 이 집 옷이 인기가 많다고 주변에 소문이 나면 사람들이 몰려오니까요. 도매상

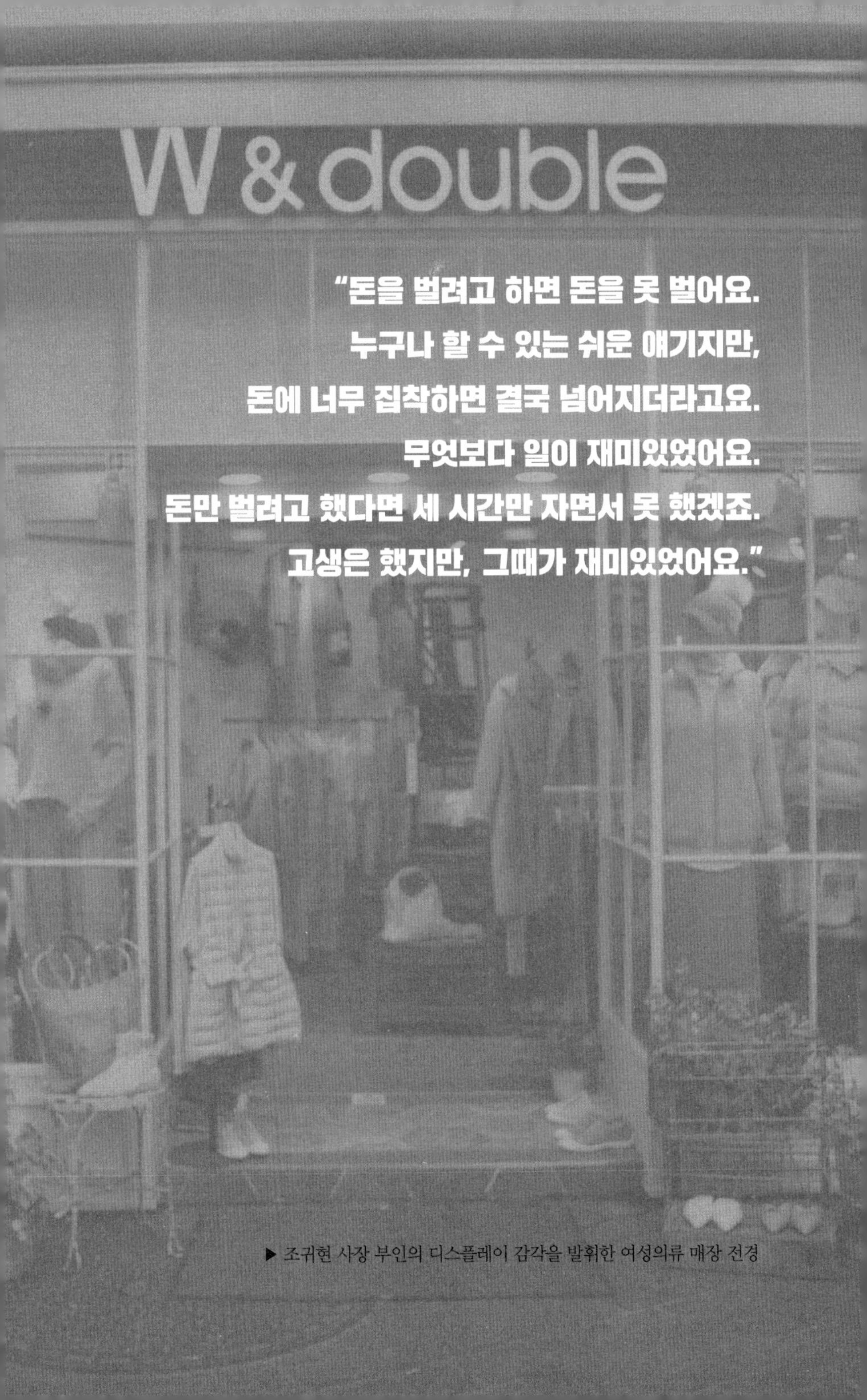

W & double

"돈을 벌려고 하면 돈을 못 벌어요.
누구나 할 수 있는 쉬운 얘기지만,
돈에 너무 집착하면 결국 넘어지더라고요.
무엇보다 일이 재미있었어요.
돈만 벌려고 했다면 세 시간만 자면서 못 했겠죠.
고생은 했지만, 그때가 재미있었어요."

▶ 조귀현 사장 부인의 디스플레이 감각을 발휘한 여성의류 매장 전경

주인으로서는 다른 옷이라도 가져가게 되니 그걸 노린 거죠."

물건을 사러 오는 순서대로 번호표를 주는 도매상도 있었는데 조 사장은 항상 1등이었다. 조 사장의 또 다른 노하우는 잘 나가지 않는 아이템을 빨리 교체하는 것이었다. 파트너로 함께 일하는 조 사장의 부인은 디스플레이를 하고 매장을 꾸미는 데 소질이 있었다. 옷이 사흘이 지나도 팔리지 않으면 바로 교체했다. 옷 하나를 교체하면 매장 디스플레이도 바꿔야 하기에 쉬운 작업은 아니었다. 조 사장은 부인이 워낙 부지런해 수시로 매장 디스플레이를 교체하다 보니 고마운 마음 한편, 안쓰러운 마음이 들었다고 한다.

요즘은 그해에 팔고 남은 재고를 놔두면 전혀 움직이지 않지만, 당시에는 1년 후에 지방에서 팔면 꽤 팔렸다. 하지만 점차 서울과 지방의 유행이 동시에 움직이면서 팔리지 않는 옷을 도매상에 교환해야 했다. 이때 도매상이 쉽게 교환을 해주지 않는 탓에 옷 몇 장을 바꾸려고 서너 시간을 넘게 기다린 적도 있다고 한다. 그러한 절박함, 끈질김, 부지런함이 현재의 조 사장을 만든 것이다. 현재 조 사장은 옷 가게와 식당을 운영하며 임대사업을 겸하고 있다.

당시에는 옷을 하나 교환하더라도 몇 시간을 기다리며 힘을 들여야 했지만, 이제는 조 사장의 구매력을 보고 오히려 도매상에서 물건 교환도 잘해주고 주력상품도 밀어준다고 한다. 사업 초창기에 비교하면 천지차이다. 또 무엇을 이루려 하기보다 열심히 살다 보니 자연스럽게 부가 따라왔다고 한다. "돈을 벌려고 하면 돈을 못 벌어요. 누구나 할 수 있는 쉬운 얘기지만, 돈에 너무 집착하면 결국 넘어지더라고요. 일이 재미있었어요. 돈만 벌려고 했다면 세 시간만 자면서 못 했겠죠. 고생은 했지만, 그때가 재미있었어요."

자산관리 베테랑의 팁

"플래그십 프로덕트를 정하라."

삼성 갤럭시, 애플 아이폰, 농심 신라면, 벤츠의 S클래스, CJ의 햇반의 공통점은 무엇일까? 이 상품들은 각 기업에서 매출을 이끄는 주력상품이다. 주력상품은 영어로 'Flagship Product' 정도로 풀이할 수 있다. 'Flag'와 'Ship'이라는 단어에서 알 수 있듯이 깃발을 꽂고 앞서가는 기함을 의미한다. 항해를 하는 수십 척의 배 중 가장 앞서 지휘하는 배를 상상해보라.

장사를 잘하려면 주력상품을 정하고 단단히 무장해야 한다. 사장의 생각에만 그쳐서는 안 된다. 함께 일하는 종업원도 주력상품에 대한 확고한 인식이 필요하다. 식당을 찾은 고객은 어떤 음식을 먹어야겠다고 미리 정하기보다 메뉴판을 보고 나서야 고민하기 시작하는 경우가 많다. 주문을 받는 종업원이 주력상품을 먼저 권유할 줄 알아야 한다. 종종 음식점에서 "어떤 메뉴가 맛있어요?"라고 물어보면 "잠시만요."하고 다른 직원에게 물어보러 종종걸음을 하는 직원의 뒷모습을 볼 때가 있다.

그 순간 그 가게의 음식에 대한 기대는 떨어지기 마련이다. 물론 한 사람의 실수라 생각할 수 있겠지만, 그 한 사람의 실수가 고객의 발길을 돌아서게 만든다면 우습게 넘길 일이 아니다. 메뉴를 보고 고민하는 손님에게 먼저 다가가 "제가 좀 도와드릴까요? 이 메뉴가 저희 가게에서 가장 인기가 좋아요. 맛은 이러이러합니다."라고 응대할 수 있어야 한다. 그러면 열 명의 손님 중 아홉 명이 그 메뉴를 고르게 된다. 이런 예는 비단 음식점에만 국한된 것은 아니다.

요식업의 대가 백종원이 직접 방문해 식당의 문제점을 찾아내고 해결 방안을 제시하는 〈백종원의 동네식당〉이라는 프로그램이 인기다. 해당 프로그램에서 백종원은 하나의 메뉴를 제대로 파는 전략을 강조한다. 고객이 찾는다고 이유로, 또는 맛은 충실하지 않은데도 주변 사람들이 권한다는 이유로 메뉴의 수를 늘려나가다 보면 맛의 깊이가 없어지고 남들과 똑같은 음식을 만들 뿐이다. 초보 창업 전문가 정효평의 《단일 메뉴하라 - 백종원 메뉴판 연구》에서도 모든 고객을 만족시키려는 마음을 버리라고 강조하는 것도 같은 맥락이다. 이처럼 단일 메뉴, 또는 한두 개의 메뉴로 승부를 봐야 하는 음식점뿐만 아니라 소비자를 상대하는 다른 서비스업종에서도 주력상품을 내세우는 전략을 도입하면 도움이 된다.

직장인도 자신만의 주력상품을 찾아보자. 평소 자신이 좋아하는 업무 분야, 강점이 있는 분야를 찾자. 어떤 경우에 직장 동료들이 자신을 찾아와 도움을 요청하는지, 그 이유도 함께 생각해보자. 만약 동료들이 자신을 찾는 경우가 없다면 무엇을 보완해야 하는지 파악하고, 또 남들이 아직 잘 모르는 나의 강점을 더욱 보완해 내세울 수 있어야 한다. 브랜딩(branding)이란 말이 비즈니스 세계에서 유행이다. 기업만 브랜딩을 해야 하는 것이 아니다. 개인 역시 나라는 상품의 브랜딩을 통해 강화될 수 있다. 나에게는 어떠한 주력상품이 있는지 찾아보고 나를 멋지게 브랜딩해보자.

/ 사전준비형 /

"아이템을 미리미리 파악하라"

대기업에서 배운 사업 확장의 노하우로
커리어 우먼들을 위한 의류 브랜드를 만들다

"온라인을 잘 모르기 때문에 잘하는 것에 집중하는 게 맞는 것 같아요. 기술적으로 하이테크가 있듯이 사람의 감성을 자극하는 하이터치가 있다고 생각해요. 사람과 사람을 이어주는 건 오프라인에서만 가능하다고 생각하고요."

- 이름: 맹시환 사장
- 현재 직업: 의류 판매
- 나이: 만 52세
- 명동에 터를 잡은 시기: 1990년대 후반
- 보유 자산의 종류와 규모: 금융자산, 약 백억 원대

대기업의 사업 확장 노하우를 벤치마킹하라

맹시환 사장의 부친은 전통적인 사농공상 사상을 가진 양반 집안 사람이었다. 자식이 공부를 잘하면 관직에 가야 한다고 늘 강조하며, 아무리 집안 형편이 궁해도 장사를 해서는 안 된다고 선을 그었다고 한다. 맹 사장도 공부를 상당히 잘해 소위 S대 출신이었다. 당연히 부친의 기대는 한껏 높았고 부친의 바람대로 1992년에 대기업인 이랜드에 입사했다. 하지만 맹 사장에게는 다른 뜻이 있었다. 당시 이랜드라는 대기업에 들어가면 여러 가지 아이템을 배울 수 있다고 판단해서 입사한 것이었다. '이랜드에서 딱 6년만 일하자. 대기업의 노하우를 배우고 나와서 창업을 하리라.'

150여 개의 브랜드를 보유한 이랜드는 다양한 연령층, 성별, 지역별 고객에게 맞는 마케팅을 구사하기로 유명한 기업이다. 패션업계에서는 뉴발란스, 로엠, 스파오 등 무려 50여 개의 인기 브랜드를 운영하고, 외식 산업에서도 애슐리의 인기가 상당하다. 명동 역시 이랜드 그룹 소속 브랜드가 다양하게 포진하고 있어 이랜드 계열처럼 아기자기한 브랜드를 확보하지 않으면 살아남기 힘들다는 이야기가 있을 정도다. 이랜드에서 6년간 열심히 일하며 노하우를 배운 맹 사장은 1998년에 사업을 시작했다. 하지만 사업 초기 현실은 그리 호락호락하지 않았다.

이랜드에서 여러 가지 마케팅 기법도 배웠는데, 경영관리 면에서 특히 와닿는 부분이 있었다. 그것은 바로 '반드시 필요한 순간이 올 때까지 비용을 쓰지 말라'는 원칙이었다. 비용은 통제가 어렵기 때문에 하나의 사업체를 운영하는 사장이라면 가장 큰 비용부터 가장 작은 비용까지 통제해야 한다는 의미를 담고 있다. 또 작은 비용을 통제하는 이유는 작은 것을 아끼기 시작하면 그것이 하나의 정신(spirit)이 되기 때문이다. 맹 사장이 좋은 환경의 사무실을 충분히 얻을 수 있음에도 모든 사무실 집기를 재활용 용품으로 채운 것도 그런 원칙이 몸에 배었기 때문이다.

하지만 대기업의 노하우를 많이 배웠음에도 사업은 실패를 거듭했다. 급기야 90년대 후반에는 노점상을 시작하기에 이르렀다. 종로에 있던 옴파로스 매장 앞에 자리를 잡고 남대문시장에서 곱창 머리끈을 개당 700원, 800원씩에 받아와서 1,500원에 팔았다. 하루에 평균 300개에서 500개가 팔렸는데 500개가 팔리면 하루에 40만 원이 남았다. 20일이면 800만 원의 수입이 생겼다. 당시 대기업 신입사원의 실수령 급여가 100만 원 남짓이었음을 감안하면 어마어마한 금액이다.

하루는 맹 사장이 남대문시장에서 곱창 머리끈을 떼어 마대자루에 넣고 명동을 지나는 길이었는데 목 좋은 자리에 가게 하나가 비어 있는 것이었다. 마침 위치도 좋았고 권리금도 없었다. 보증금을 지불할 돈밖에 없었던 사장에게는 더할 나위 없이 좋은 기회였다. 그 자리가 바로 4호선 명동역 앞에 있는 엠핀 1호점 자리다. 이후 엠핀 2호점인 을지로점, 3호점인 광교점 등 커리어 우먼이 근무하는 도심에 매장을 내고 영업 지역을 늘려나갔다. 현재는 14개의 매장을 운영 중이다. 특히 맹 사장의 엠핀이라는 브랜드는 단정한 비즈니스 정장을 선호하는 금융권 여성 고객에게 인기가 많다. 엠핀의 1호점, 2호점, 3호점은 명동, 을지로, 서소문 일대에 대기업과 금융기관 본점이 많다는 지역적 특수성과 적당한 가격에 단정하면서도 질이 좋은 합리적인 브랜드라는 이미지가 시너지 효과를 일으키면서 인기가 올라갔다. 이렇게 사업을 확장해나갈 수 있었던 것은 대기업에서 배웠던 노하우 덕분이었다. 맹 사장에게 IMF는 기회였고 인연이었다.

이랜드에서 배운 맹 사장의 영업 전략은 탁월했다. 각각의 사업 아이템에 특화시켜 정교한 마케팅 전략을 펼치는 이랜드의 노하우를 배운 맹 사장은 요즘 유행하는 온라인 쇼핑몰이나 SNS 홍보가 엠핀이라는 브랜드의 아이덴티티와 맞지 않다고 판단해, 오프라인 운영을 기본으로 영업하고 있다. 하이테크(high tech)로 대변되는 온라인상에서의 마케팅을 지양하고, 인간적인 감성을 매개로 하는 하이터치(high touch) 마케팅을 도입한 것이다. 맹 사장의 하이터치 마케팅은 고객관리의 접점에서도 드러난다. 여느 보세 매장과는 달리 맹 사장 가게는 단골고객을 관리한다. 은행처럼 시스템을 잘 갖춘것은 아니지만 손님의 감성과 마음을 자극하기에 충분한 감성 마케팅이다.

맹 사장은 단골고객에게 종종 특별 주문 제작한 다이어리나 가방도 선물한다. 명절이면 지리산 청정지역에서 무농약으로 기른 농산물을 거래처에 보내기도 한다. 쉽게 구하기 힘든 농산물을 하나하나 직접 포장하고 요리하는 방법까지 적어 선물한다. 그뿐만 아니라 매년 모든 직원들의 부모님을 남산 자락에 있는 특급 호텔로 초대해 식사 대접도 한다. 사장이 평소 주요하게 생각하는 하이터치가 모든 일상생활에 녹아 있는 것이다.

맹 사장 가게에 없는 것이 하나 있다. 바로 할인이다. 그 덕분에 시즌이 끝나가거나 조금만 기다리면 할인상품이 나올 거라고 생각하는 소비자의 기대심리가 없다. 오히려 맹 사장의 매장에서는 구매를 고민하다가 뒤늦게 사러 가면 눈도장 찍어둔 옷이 이미 품절되기 일쑤다. 판매할 수량을 매장별, 치수별로 한정해놓고 팔다 보니 추가 주문도 힘들다. 당연히 단골고객 입장에서는 맘에 드는 옷이 새로 들어오면 재빨리 구매를 결정할 수밖에 없다. 맹 사장은 이런 판매 전략 또한 대기업에서 근무한 경험을 토대로 세울 수 있었다고 겸손하게 말한다.

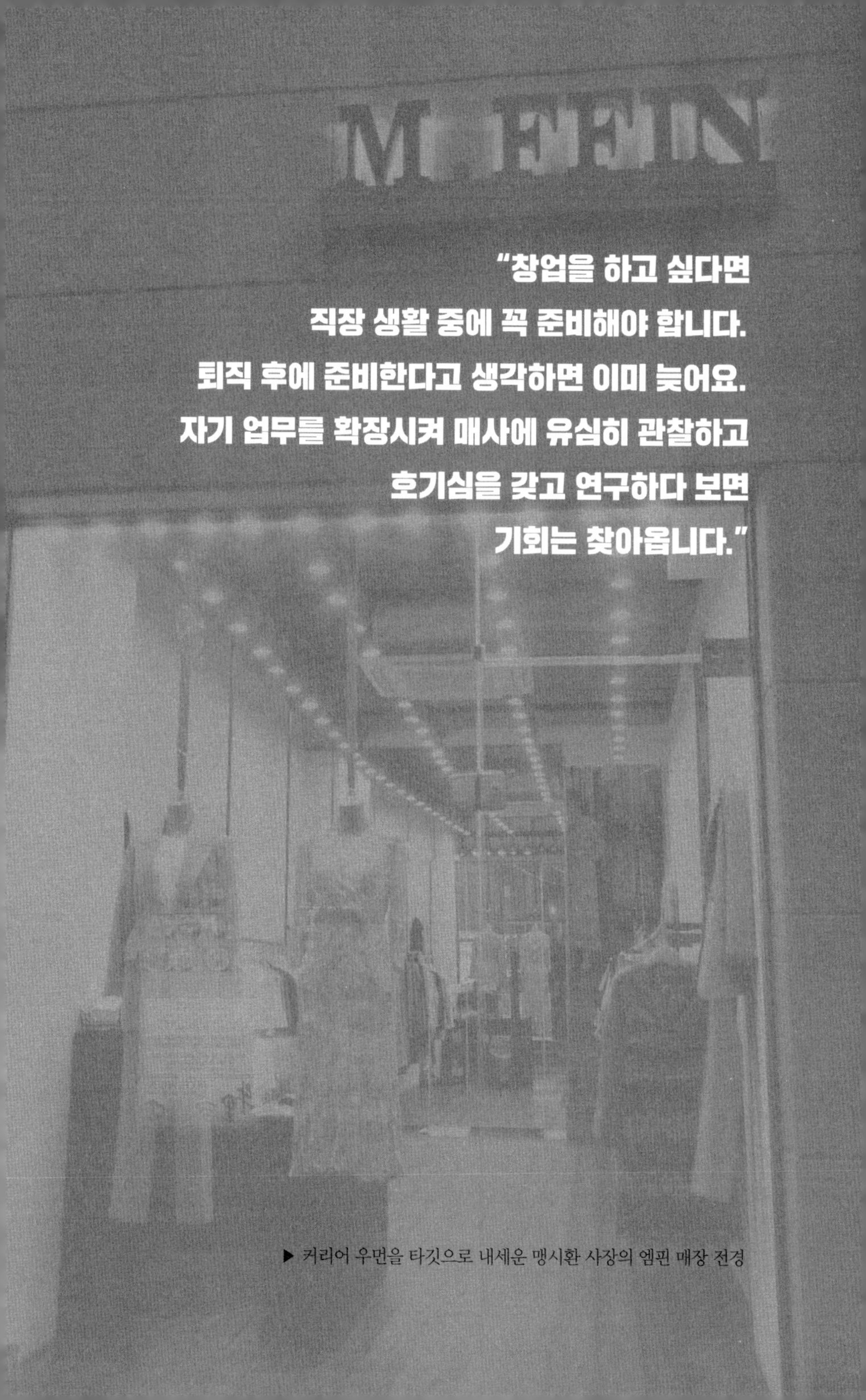

"창업을 하고 싶다면
직장 생활 중에 꼭 준비해야 합니다.
퇴직 후에 준비한다고 생각하면 이미 늦어요.
자기 업무를 확장시켜 매사에 유심히 관찰하고
호기심을 갖고 연구하다 보면
기회는 찾아옵니다."

▶ 커리어 우먼을 타깃으로 내세운 맹시환 사장의 엠핀 매장 전경

자산관리 베테랑의 팁

"퇴직하기 전에 창업을 준비하라."

정년의 시기가 점점 빨라지는 사회적 분위기를 고려할 때 퇴직하기 전에 창업을 준비하는 것이 좋다. 이는 반복되는 지겨운 일상과 꼰대 상사 비위 맞추기, 영업 실적에 대한 부담감으로 매일 아침 눈을 뜨고 억지로 출근하느니 때려치우고 사업이나 하자는 식의 현실 도피성 창업을 말하는 것이 아니다. 자신이 지금 하는 일이 미래의 사업과 연관이 있다고 생각하고 관심을 가지자는 것이다. 일에 대한 관점을 바꾸면 지긋지긋한 일상적 업무도 달리 보이고 적극적인 업무 태도로 바뀔 것이다. 맹 사장이 직장 생활을 한 6년 동안 창업을 염두에 두고 업무를 배우며 준비해나간 것도 그 때문이다.

국내외에서 성공한 부자들을 보면 맹 사장처럼 회사 근무 중 본인의 사업을 준비한 경우가 많다. 미국 테슬라의 엔지니어였던 이시선 모어랩스 대표 역시 테슬라에 근무하면서 숙취 해소 음료 회사 82랩스를 설립해 '모닝 리커버리'를 판매했다. 이 대표는 한국에서 친구들과 술을 마시던 중 친구들이 숙취 해소 음료를 마시는 것을 보고 호기심을 가지게 됐다고 한다. 숙취 해소 음료를 마신 뒤 효과를 본 이 대표는 미국으로 돌아가는 길에 숙취 해소 음료를 잔뜩 사 갔다.

숙취 해소 음료를 주변 사람들에게 마셔보게 한 다음, 숙취 해소에 도움이 된다는 답변을 듣고 연구를 시작했다. 또한 시장조사를 위해 숙취 해소 닷컴이라는 인터넷 사이트를 사들여 가상의 숙취 해소 음료를 5달러에 팔아보기도 했다. 무려 2,000달러어치의 주문이 들어오는 것을 확인한 이 대표는 수요를 확인한 뒤 주문을 취소하고 전액 환불했다. 시장의 가능성을 확인한 것이다.

실제로 숙취 해소 음료를 개발해 제품으로 내놓자 테슬라 엔지니어가 만든 숙취 해소 음료라는 소문이 돌며 화제가 됐다. 이 대표는 창업 초기에 테슬라 엔지니어라는 본업을 그만두지 않았다. 물론 창업에 대해 열려 있는 실리콘밸리의 개방적인 문화와 이를 격려해주는 직장 상사가 있었기에 가능한 일이었다. 하지만 이 대표는 사업체가 자리를 잡아가려고 하는 시기를 놓치면 안 된다고 판단해 테슬라를 그만두었다. 이시선 대표의 사례 역시 회사에 다니는 동안 본인의 사업을 잘 구상한 예다.

더 이상 직장은 평생의 안정을 보장하지 않는다. 창업은 이제 선택의 문제가 아닐 수도 있다. 매달 꼬박꼬박 들어오는 급여만 바라보며 수동적으로 일하는 사람과 회사 업무를 하면서 능동적으로 사업을 구상하는 사람의 미래는 어떻게 다를까? 창업을 해야겠다는 구체적인 목표가 생기면 사업 밑천을 마련하기 위해 급여 관리 역시 체계적으로 바뀔 수밖에 없다.

직장을 다니면서 부업을 계획해야 하는 이유는 또 있다. 바로 대출을 쉽게 받을 수 있다는 점이다. 직장에 다닐 때는 은행에 간단히 서류만 제출하고도 대출을 받을 수 있다. 요즘은 앱에서 신청만 해도 대출금이 바로 들어오는 세상이다. 하지만 직장을 그만두고 나오는 순간 은행에선 돈을 빌려주지 않는다. 직장을 다니는 동안 대출이 가능했던 이유는 내가 신용이 높아서가 아니라 내가 다니던 회사의 신용이 있었기 때문이다. 소득 없는 개인에게 신용이란 없다. 직장을 그만두고 나오기 전에 철저히 준비하지 않으면 퇴사 후 벌어질 현실의 냉혹함 앞에 무릎을 꿇어야 할지도 모른다.

맹 사장은 창업을 하고 싶다면 직장 생활 중에 꼭 준비하라고 거듭 강조한다. 퇴직 후에 준비한다고 생각하면 이미 늦은 것이라고 말한다. 자신의 업무를 확장시켜 매사 유심히 관찰하고 호기심을 갖고 연구하다 보면 기회는 찾아올 것이다. 무엇보다 현재 회사를 다니고 있으면서 창업을 꿈꾼다면 퇴사 전에 충분히 준비하자. 맹 사장처럼 사전에 철저히 준비하고 시작했음에도 실패할 확률은 분명히 존재한다.

또 직장을 다니면서도 창업하고 싶은 분야에 지속적인 호기심을 갖자. 82랩스의 이시선 대표 역시 친구들과 술을 마시고 난 후에 접한 숙취 해소 음료에 생긴 호기심을 잘 활용한 사례다. 술을 깨게 해주는 음료의 성분이 무엇일지 궁금해하는 것은 무심코 지나칠 수 있는 호기심이다. 사소한 호기심에서 출발했지만 UCLA 신경 약리학자 징 리앙 박사에게까지 연락을 할 만큼 적극적으로 연구에 임한 결과, 지금의 성공을 만든 것이다. 맹 사장 역시 평소 그냥 지나칠 수 있는 작은 물건과 아이디어도 유심히 관찰했다고 한다. 이런 호기심이야말로 큰 비즈니스로 이어질 수 있는 아이디어의 원천임을 잊지 말자.

7

/ 틈새공략형 /

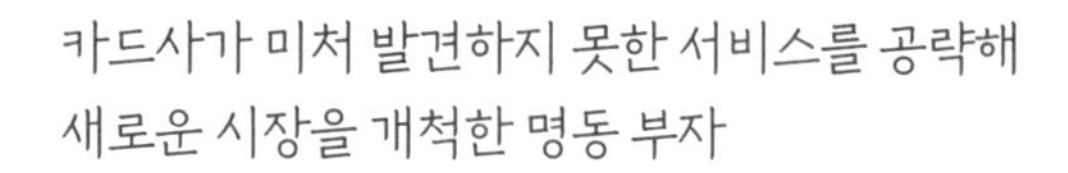

카드사가 미처 발견하지 못한 서비스를 공략해
새로운 시장을 개척한 명동 부자

"카드사는 카드수수료를 받거나 돈을 빌려주고 이자를 받는 게 메인 비즈니스예요. 제가 개발한 파생금융상품은 카드사가 신경 쓰지 않는 아주 작은 시장이었죠. 보험회사 입장에서도 정통 보험 상품을 주력상품으로 생각할 뿐 제가 개발한 상품은 아주 작은 시장에 불과했습니다. 저는 그런 틈새시장을 공략한 거예요."

- 이름: S 사장
- 현재 직업: 보험 다이렉트 마케팅
- 나이: 만 60세
- 명동에 터를 잡은 시기: 2010년
- 보유 자산의 종류와 규모: 금융자산, 약 백억 원대

무리한 욕심을 내기보다 틈새시장을 찾아라

S 사장은 대학 합격자 발표가 있던 날, 자신이 원하던 대학에 당연히 붙을 것이라 생각했다. 하지만 합격자 명단에 자신의 이름은 없었다. 단 한번도 상상해보지 않은 상황이 벌어진 것이다. 결국, 눈높이를 낮춰 대학에 들어가면서 인생의 첫 좌절을 경험했다. 하지만 그러한 시련 덕분에 훗날 미국 유학을 과감하게 결정할 수 있었다.

군대 시절에는 사진 찍기를 좋아하는 취미를 살려 사진병으로 복무했다. 이후 신문을 만들며 사회의 다양한 현상을 한발 먼저 접할 수 있었다. 대학 입시 낙방과 군대에서의 경험은 S 사장에게 전화위복이 됐다. S 사장은 더 넓은 세상에 나가 공부를 해야겠다고 결심했다. 제대 후 80년대 중반 뉴욕으로 건너갔다. 뉴욕에서는 다양한 분야에서 공부할 기회가 주어졌고 평소 관심이 있던 금융을 공부하기로 마음먹었다.

S 사장은 항상 꾸준한 시장이 형성되어 있고 다양한 아이디어를 선보일 수 있는 분야를 물색했다. 은행 업무는 너무 보수적인 데다 매사에 적극적인 S 사장의 성향과 맞지 않았다. 증권사 업무는 증시 흐름에 따른 변동성이 높은 데다 때마침 증시가 곤두박질치던 시기라 고려 대상이 아니었다. 뉴욕 금융 시장에서 선진 보험 시스템을 경험한 S 사장은 보험 분야를 선택하기로 마음먹었다. 한국으로 돌

아와서 곧바로 보험회사에 입사했다. 당시 한국 보험업계는 전문성보다도 인맥을 동원한 주먹구구식 채널을 활용한 영업이 대부분이었다.

S 사장이 보험업을 공부했지만, 처음부터 두각을 드러낸 것은 아니었다. 남들과 다른 시선으로 여러 가지 시도를 거듭하면서 노하우가 축적되자 마침내 전공 분야인 보험업에서도 잭팟을 터뜨릴 수 있었던 것이다. 하루는 출장을 가기 위해 비행기에 올랐는데 비행기 좌석에 꽂혀 있던 기내 판매용 카탈로그가 눈에 띄었다. 카탈로그 영업이 유행이던 시절이라 카드 회사에서도 DM 마케팅의 일환으로 기내에 카탈로그를 비치해두었던 것이다.

문득 S 사장은 출장을 가느라 챙기지 못했던 가족이나 지인의 기념일을 챙겨줄 수 있는 서비스를 만들면 어떨까 하는 생각이 들었다. 비행기에서 신청만 하면 집으로 꽃이 배달되는 서비스 말이다. 당시 비행기를 타고 해외 출장을 갈 정도의 비즈니스맨이라면 마케팅 대상으로 손색이 없다고 생각했다. 사업은 상당히 진전되어 대한항공과 계약도 하고 꽃 배달 업체까지 확보했다. 하지만 갑자기 IMF가 터졌고 사업은 취소됐다. IMF가 터진 1990년대 후반 설상가상 수억 원의 빚까지 생겼다.

당시 너무나 큰 빚을 지게 된 S 사장은 다시 월급쟁이로 돌아갈 수밖에 없었다. 운 좋게도 대기업 임원으로 재취업하여 5년간 근무하며 빚을 갚아나갔다. "사업은 내가 아무리 잘해도 외부 변수가 많아요. 그것까지 다 계산하고 움직여야 한다는 걸 그때 깨달았어요. 다행인 것은 비교적 이른 시기인 30대 후반에 실패했다는 거예요. 다시 시작해볼 수 있는 나이였으니까요." 그렇게 대기업 임원으로 근무하던 중 S 사장은 남들이 그냥 지나쳤던 파생금융상품을 우연히 접한다.

S 사장이 주목한 파생금융상품은 카드 사용을 하다 결제불능 상태가 될 때를 대비해 매월 카드 사용 금액 중 작은 포션을 적립해 그것을 보험으로 커버하는 구조였다. 지금으로서는 일반화된 방법이지만, 당시로서는 새로운 개념의 시장, 새로운 상품을 개발한 것이다. 이런 구조의 사업을 좀 더 연구하고자 캐나다계 보험 브로커 회사로 옮겨 처음부터 차근차근 배우기 시작했다. 50세가 되기 전 자신만의 사업을 한다는 계획이 있었기에 10년간 철저히 준비한 것이다.

S 사장이 제안한 이 상품은 가장 수익을 많이 내었고 모 카드사 부가 서비스에도 포함됐다. 카드를 이용하던 고객이 죽거나 병에 걸리면 카드값을 갚지 못하는 상황이 발생할 수 있다. 이를 대비해 카드 이용금액의 일정 퍼센트를 내고 보험 가입을 해두어 불의의 사고가 발생했을 때 보상하는 방식이다. 대부분 이용금액의 0.5퍼센트도 되지 않다 보니 크게 신경 쓰지 않는 금액이다. 원래 미국에서는 보험회사의 영역인 경우가 많은데 S 사장은 카드 영역으로 전환했고

현재 업계 1위의 카드사와 거래하고 있다.

S 사장은 금융권에 몸담았던 이력 외에도 다양하고 독특한 경력이 많다. "소설을 써도 될 정도로 역동적인 인생을 산 것 같아요. 많은 경험을 하려고 했기 때문에 더욱 그랬겠죠. 엄청난 부를 이루었다고 생각하지는 않지만, 월급쟁이들의 로망이 될 수는 있다고 생각해요. 무리하게 욕심을 부린 적은 없어요. 하지만 다른 시각에서 바라보려고 많이 노력했고, 틈새시장을 많이 공략했어요. 상황이 나빠질 때는 냉철하게 판단하기 위해 노력했죠."

자산관리 베테랑의 팁

—

"다른 시각으로 바라보자."

평소 자신이 하는 일을 다른 시각으로 바라보는 연습을 해보자. 자신의 일상적인 업무도 다른 시각으로 바라보면 좋은 아이디어가 떠오를 수 있다. 프랑스의 인상주의 화가인 에드가 드가는 움직이는 대상의 순간적인 아름다움을 포착해낸 그림으로 미술사에 이름을 남겼다. 특히 자신이 보는 각도를 바꾸어가며 표현한 그림으로 많은 호평을 받았다. 우리도 자신을 예술가라고 상상하며 다른 시각에서 바라보는 연습해보면 좋다. 보험의 니치마켓(niche market)을 발굴해 자산가가 된 S 사장처럼 말이다.

월급쟁이들이 예술가처럼 다른 각도에서 세상을 바라볼 수 있는 능력을 키우기 위해 어떤 노력을 해볼 수 있을까? 최근 외국에서는 점심 시간에 외식을 꺼리는 현상이 뚜렷해지고 있다고 한다. 한 조사에 따르면 미국에서는 40퍼센트, 영국에서는 55퍼센트 이상의 직장인이 사무실 책상에서 점심을 먹는다고 한다. 원래 야외에서 즐기는 음식을 뜻하는 '알 프레스코(Al fresco)'라는 말을 조금 바꿔, 사무실 책상에서 먹는 점심이라는 뜻의 '알 데스코(Al desko)'라는 신조어가 등장하기도 했다. 한국의 점심 시간도 그와 같은 추세를 반영하고 있다. 특히 마음이 맞지 않는 상사와 입에 맞지도 않는 점심을 함께 먹느니 차라리 혼자 먹겠다고 선언하는 젊은 직장인이 점점 많아지고 있다. 덩달아 편의점 도시락 매출도 늘고 있다고 한다.

혼자만의 점심을 먹으며 꿀맛 같은 휴식을 즐기는 것도 중요하지만 가끔은 다른 사람과 어울려 먹어야 한다. 꼭 직장동료가 아니어도 좋다. 다양한 분야의 사람들과 만나 점심을 하면 평소 접하지 못하던 다양한 정보를 통해 간접 경험까지 할 수 있다. 실제로 한 스타트업 CEO는 직장인 점심 모임을 추진하는 프로젝트를 진행하기도 했다. 직장인이 많이 근무하는 을지로나 여의도에서 서로 공통된 관심사를 가진 직장인들이 함께 식사하는 프로젝트다. 잠깐의 휴식시간을 활용해 점심도 해결하고 생소한 직업을 가진 사람들과 자연스럽게 만나기 좋은 아이디어라고 생각한다. S 사장 역시 다양한 활동을 통해 얻은 관계가 모든 사업의 근간이 됐다. 한 달에 한두 번 모임을 정해 함께 점심을 먹으며 다양한 의견을 공유해보자. 다양한 의견은 다양한 시각을 키울 수 있는 근간이 된다.

평소와 다른 관점으로 바라보는 시도에도 주의할 점은 있다. 최근 '위워크'나 '패스트파이브'와 같은 공유 오피스 시스템이 각광을 받으면서 기존의 독서실이나 만화방들도 스터디카페나 만화카페로 탈바꿈하고 있다. 자칫 경쟁이 심화되면 수요와 공급의 원리가 불균형을 이루어 무너지고, 물량 공세식의 지나친 가격 경쟁으로 인해 해당 산업 분야가 전체적으로 죽어버리기도 한다.

1950년대 미국 젊은이들 사이에서 유행했던 '치킨게임'을 떠올리게 하는 대목이다. 치킨게임은 도로 양쪽에서 두 명의 운전자가 정면으로 돌진하다 충돌을 피하기 위해 먼저 핸들을 꺾는 사람이 지는 경기다. 핸들을 꺾은 사람은 치킨, 즉 겁쟁이가 되어 명예롭지 못한 사람으로 낙인 찍히지만, 핸들을 꺾지 않으면 둘 다 목숨을 잃게 된다. 과거 삼성전자를 비롯해 일본, 미국, 독일, 대만 사이에서 벌어졌던 D램 메모리 반도체의 무한 경쟁이 대표적인 치킨게임 사례로 꼽힌다.

결국, 지나친 가격 경쟁은 시장의 가격 폭락으로 이어져 모두에게 손실이 발생하는 결과를 낳는다. 심지어 기업이 합병을 당하는 경우도 발생한다. 다른 관점으로 바라보는 것도 중요하지만 한쪽으로 치우치거나 가격 경쟁에 휘둘리지 말 것, 그리고 어리석은 판단을 하지 않아야 한다는 점을 간과하지 말자.

간혹 돈을 아끼겠다는 명목하에 그 어떤 활동도 하지 않는 사람이 있다. 경험에는 돈을 아끼지 말아야 한다. 아이디어를 실현하기 위해서는 에너지가 필요한데 이런 에너지는 다양한 경험에서 나오기 때문이다. S 사장 역시 젊은 시절부터 해온 다양한 경험이 있었기에 기회가 생겼을 때 비즈니스로 발전시킬 수 있었다. 당장 내 업무와는 관련이 없더라도 여러 가지의 경험을 축적해두자. 독서 모임, 운동, 여행, 공연 관람 등 내가 좋아하는 취미를 즐기면서 아이디어로 발전시킬 수 있으니 말이다.

/ 변화무쌍형 /

"트렌드의 흐름에 몸을 맡겨라"

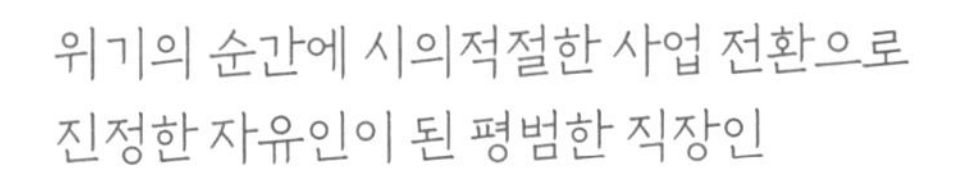

위기의 순간에 시의적절한 사업 전환으로
진정한 자유인이 된 평범한 직장인

"대기업에서 임원직에 있으면 회사 안에서는 크게 성공했다고 볼 수 있죠. 하지만 진정한 자유인은 아니에요. 내 시간을 내 맘대로 사용할 수 있어야 진정한 자유인이고, 성공한 사람이죠. 시간을 스스로 관리할 수 있는 지금이야말로 진정한 성공이라 생각하고 감사하게 생각해요. 그런 삶을 살아야 한다고 생각하고요."

- 이름: K 사장
- 현재 직업: 스포츠의류, 의류 소매
- 나이: 만 60세
- 명동에 터를 잡은 시기: 1983년 (직장생활 1983~1995년)
- 보유 자산의 종류와 규모: 부동산, 금융자산, 약 백억 원대

하나의 브랜드, 하나의 업종에 머물면 도태된다

K 사장은 1983년 명동에서 직장생활을 시작했다. 코오롱에서 근무하며 신용판매 영업을 시작으로 사회에 몸을 담았다. 당시는 지금과 여러모로 다른 점이 많았다. 우선 신용카드가 일반적으로 유통되지 않던 시절이다. 의류를 판매하는 기업에서는 자체 할부 서비스를 제공했고 K 사장이 그 업무를 담당했다. 또 패션 1번지인 명동이라는 특수성을 고려해 패션업계에서는 안테나숍을 많이 운영했다. 안테나숍이란 시장을 파악하기 위해 미리 운영해보는 시범 점포를 말한다. K 사장은 명동에 있던 유명 여성 의류의 안테나숍에서 근무하면서 유통과 영업의 전반적인 시스템을 배웠다. 수년 후 매장 총괄까지 담당하기에 이르렀다.

K 사장은 명동에서 13년간 직장생활을 이어갔다. 오랜 시간 일하다 보니 어느 순간 전문가가 되어 있었다. 하지만 월급쟁이 생활에는 한계가 있다고 생각했다. K 사장은 평소 감명 깊게 봤던 영화 〈성공시대〉 속 대사를 떠올렸다. "성공한 사람만이 진정한 자유인이다. 진정한 자유인이라는 건 모든 시간을 내가 관리하고 조율할 수 있는 사람이다." 마침내 진정한 자유인이 되기 위해 자신만의 사업을 시작하기로 마음먹었다. 때마침 패션 시장도 호황을 누리고 있었다. 회사에 다니면서 동시에 사업을 시작하기 위한 준비를 차곡차곡해

오던 K 사장은 마침내 1995년 명동에 자신만의 가게를 갖게 되었다. D 패션의 유명 여성 브랜드 매장을 2억 원의 자본금을 들여 명동에 오픈했다. 다행히 첫 항해는 순조로웠다.

평범한 직장인이 국내 최고 상권인 명동에 매장을 낼 수 있었던 것은 13년간 패션업계에 몸담으며 누구보다 업계의 동향을 잘 알고 있었기 때문이다. 또 자신이 근무하던 회사의 브랜드를 자신의 가게로 갖다 보니 누구보다 회사의 특징을 잘 파악하고 있었다. 브랜드 인지도가 높은 것도 한몫했다. 때마침 명동은 패션업이 호황이어서 사업 진행이 비교적 순조로웠다. 하지만 1997년 갑자기 IMF가 터지며 패션업이 무너지기 시작했다.

돌파구가 필요하다고 생각한 K 사장은 나이키라는 세계적인 브랜드로 승부수를 던졌다. 1997년 외환위기 때 내수는 부진했다. 하지만 원화 가치가 하락하면서 외국 관광객이 늘었다. 외국인 관광객의 메카였던 명동이 빛을 발하는 순간이 찾아온 것이다. K 사장은 시의적절하게 브랜드를 전환해 외국인을 대상으로 판매를 신장시켰다. 위기를 기회로 바꿔 어려운 시기를 잘 극복했을 뿐만 아니라 브랜드 전환이 전화위복이 되어 사업적으로 한 단계 더 발돋움하는 계기가 됐다.

IMF의 위기가 지나가고 화장품이 유행하던 시절에는 화장품 판매를 위해 이니스프리 화장품 계약을 시도했다. 하지만 자신이 원래부터 몸담았던 패션 분야에 집중하는 것이 맞다고 판단해 계약 진행을 하지 않았다. 이니스프리로 진출하지 않은 것은 "잘 아는 분야로 업을 이어나가야 성공확률이 높다."라는 본인만의 철학에 기인한 것이다. 다양한 시도를 해보았으면 좋았겠지만 잘 아는 영역을 집중해 잘 키워나가는 것이 중요하다고 생각한 까닭이다.

다만, 부동산이 저가일 때 빌딩을 매입하지 않은 것은 아쉬운 기회였다고 자평한다. 사업이 잘되던 시절이라 부동산에 신경 쓸 틈이 없어 당시 싸게 나온 매물 구입을 놓친 것이다. 당시 명동 중앙로에 있는 건물 가격은 평당 2억 원 수준이었다. 현재 중앙로의 평당 가격이 10억 원 수준이니 5분의 1의 가격이었다. 비록 조금 늦은 시기에 건물을 매입했지만, 부동산 시장을 간과해서는 안 된다는 점을 교훈으로 얻은 것에 만족한다. 비록 다른 명동 부자보다 늦게 건물을 매입하긴 했으나, 이를 바탕으로 더욱 탄탄한 자산을 형성하게 됐다.

K 사장은 직장인은 조직에 속해 있기 때문에 진정한 자유인이 아니라고 말한다. 아무리 대기업에서 큰 임무를 맡은 중역일지라도 조직에 종속되어 있으면 자유인이 아니라는 생각이다. K 사장은 진정한 자유인이 되기 위해 좋은 직장을 버리며 위험을 감수했다. "돈만 버는 사람은 자유인이 아니라고 생각해요. 돈을 벌기 위해 온종일 일에 매여 있는 사람은 돈은 많이 벌겠지만 계속 일해야 하잖아요.

하지만 똑같은 사업을 하더라도 자동으로 사업이 돌아가게 하는 사람이 있어요. 그런 사람은 해외에 놀러 가도 상관이 없어요. 사업이 알아서 돌아가니까요. 그렇게 되면 돈이 돈을 벌게 해주고 시간은 점점 많아져요. 단순히 돈을 많이 버는 것보다 작더라도 그런 시스템을 만드는 것이 중요해요. 돈은 많이 벌지만, 평생을 캐셔박스 안에 앉아 있다고 생각해보세요. 그런 인생 하나도 부럽지 않아요." K 사장은 자유인을 목표로 삼았고 그런 인생을 몸소 실현한 성공 케이스다.

로버트 기요사키의 《부자 아빠 가난한 아빠 2》를 보면 저자의 부자 아빠가 '빌과 에드의 이야기'를 언급하는 대목이 있다. 물을 구할 수 없는 마을의 사람들이 날마다 물을 길어다 줄 사람을 구하기로 했다. 빌과 에드가 그 일을 하겠다고 나섰다. 에드는 강철 양동이를 사서 멀리 떨어진 호수를 왔다 갔다 하며 물을 나르기 시작했다. 빌은 시간이 걸리긴 했지만, 마을과 호수를 연결하는 송수관을 건설했다.

누가 더 나은 결과를 만들어낼지는 불 보듯 뻔하다. 에드는 더 많은 물을 나르기 위해 양동이를 더 많이 나르며 늘 그 일에 매달려 있어야 한다. 빌은 시간이 걸리더라도 송수관 설치가 끝나기만 하면 가만히 앉아 돈을 벌 수 있다. 지금 자신이 송수관을 짓고 있는지, 아니면 양동이를 나르고 있는지 점검해볼 필요가 있다.

K 사장 역시 송수관을 짓는다는 마음가짐으로 사업체를 운영했

다. 매장 관리를 할 때도 매장을 실제로 관리하는 점장을 관리하는 것으로부터 시작한다. 한 사람의 유능한 점장을 매장에 두면 나머지는 점장이 알아서 관리하면 된다. 유능한 점장을 만들기 위해서는 솔선수범이 가장 중요하다고 생각했다. K 사장은 전문가답게, 선배답게 먼저 움직였다. 사장의 전문 지식이 떨어지고 관리 능력이 떨어지면 직원이 따라주지 않기 때문이다. 진정한 자유인이 되려면 시간이 걸리더라도 송수관을 지어야 한다.

자산관리 베테랑의 팁

—

"자신이 재미를 갖는 분야에 집중하라."

평범한 직장생활을 하던 K 사장은 안성기 주연의 〈성공시대〉라는 영화를 보고 난 후 시간을 관리할 줄 아는 진정한 자유인이 돼야겠다고 마음먹었다고 한다. 남들과 다를 바 없이 직장을 다니면서도 언제나 마음속으로는 자기만의 사업을 꾸려 진정한 자유를 누리는 꿈을 꾼 것이다. 사업 아이템을 선정하는 데에도 자유로운 환경은 중요했다. 트렌드를 따라 자유롭게 사업 아이템을 바꿈으로써 불황을 이겨내고 지금과 같은 부를 쌓는 원동력이 되었기 때문이다.

출처: 버진 그룹 홈페이지

이 시대의 진정한 자유인이라고 하면 빠지지 않는 사람이 있다. 바로 리처드 브랜슨이다. 리처드 브랜슨의 시작에는 버진 레코드(Virgin Records)라는 음반 판매 회사가 있다. 1990년대 한국에 이렇다 할 레코드 가게도 별로 없던 시절 영국의 곳곳에는 버진 레코드가 자리 잡고 있었다. 당시에 배낭을 둘러메고 처음 런던에 가본 청년들은 버진 레코드를 방문해서 이색적인 풍경을 마주했다고 한다. 그곳에서는 판매하는 음반의 음악을 직접 들어볼 수 있었다. 버진 레코드의 강렬한 로고와 레코드 가게의 색다른 경험은 문화적인 충격을 느끼기에 충분했다. 바로 괴짜 CEO이자, 도전의 아이콘으로 유명한 리처드 브랜슨의 작품이다.

리처드 브랜슨은 버진항공을 비롯해 호텔, 영화배급, 호텔 등 무수한 도전을 거듭해나갔다. 그는 어떻게 큰돈을 벌 수 있는지를 묻는 사람들에게 늘 무슨 일을 하든 즐기려고 노력했다고 답했다. 자신이 재미를 느끼는 일을 하며 그 일을 사업 분야로 확장시킨 대표적인 사례다. 진공 상태에 가까운 터널을 캡슐 형태 열차가 시속 1,200킬로미터로 이동하는 하이퍼 루프 방식의 이동 수단을 개발하는 회사를 인수한 것도 평소 좋아하고 즐거운 일을 하겠다는 그의 태도가 반영된 선택이었다.

K 사장도 늘 즐기며 일하는 리처드 브랜슨과 같은 공통점이 있었다. 사업이나 인생에서 성공하려면 무엇보다도 자신이 하는 일, 특히 10년 정도 꾸준히 하던 일을 살려서 더욱 확장시켜야 한다. 자신이 하고 있던 일을 살려서 사업의 기회를 찾아야 한다. 평소 자신이 하던 일이라면 100퍼센트 안전을 보장하지 않더라도 그 일을 해보지 않은 다른 사람보다 성공할 확률이 높다. 그만큼 자신이 잘 아는 분야의 사업을 해야 확률 게임의 승자가 된다.

직장이라는 안전한 울타리를 버리고 자신이 하던 일에서 재미를 찾았다 하더라도 치열한 자영업의 정글에서 살아남기 힘들다. 하지만 그렇지 못한 사람보다 당연히 성공할 확률이 높다. K 사장은 자신이 좋아하는 일을 선택했다. 결국 성공할 확률이 높은 선택을 했을 뿐이다.

더불어 시대적인 트렌드와 자신이 하는 장사의 메커니즘을 정확히 이해하고 사업에 뛰어들어야 한다. 세상은 급속도로 변하고 있는데 그 변화를 인지하지 못하고 기존 영업 방식이나 업종을 고수하면 성공하기 힘들다. 최신 트렌드를 이해하고 사업 아이템과의 연결 고리를 찾아보자. 하루하루 변하는 시대에 예전 방식만으로 승부할 수 없다.

사업 아이템을 정했다면 동종업종에 취업해 충분한 훈련을 거쳐 보는 것도 좋다. 월급쟁이 마인드로 일하다간 기회가 와도 살릴 재간이 없다. 지금 배우고 있는 모든 일을 경험으로 여기고 미래를 위한 파이프라인을 만들자. 지금 인생 최고의 시간을 보내고 있음을 결코 잊어선 안 된다.

/ 속전속결형 /

"사업은 스피드가 생명"

40여 년간 명동의 변화를 읽으며
남들보다 한발 먼저 새로운 시도를 한 명동 부자

"미리미리 준비해야 해요. 스승님은 항상 저에게 매사에 빨리하라고 말씀하셨죠. 권투로 다져진 습관은 명동에서 여러 가지 사업을 추진할 때에도 도움이 됐어요. 노후화된 스승의 빌딩을 빨리 지어서 올린 것도 그랬고요. 확실한 프랜차이즈를 남들보다 빨리 유치한 것도 스승님에게 배운 것을 그대로 적용한 것이었어요. 항상 좋은 브랜드, 고급 브랜드가 다른 상가보다 빨리 들어올 수 있도록 노력했어요."

- 이름: L 사장
- 현재 직업: 부동산 투자 자문
- 나이: 만 59세
- 명동에 터를 잡은 시기: 1970년대 후반
- 보유 자산의 종류와 규모: 부동산, 금융자산, 약 백억 원대

국내 트렌드를 넘어 해외 트렌드도 알아야 한다

L 사장은 고등학교 시절 권투선수로 활동했다. 그에게 권투를 가르쳐준 스승으로부터 모든 일에 있어서 항상 남들보다 빨리하는 법을 배웠다. 스승은 현역 생활을 마치고 명동에서 다방을 차리며 사업가로 변신했다. L 사장도 그 다방이 있던 건물을 관리하며 명동에 발을 들이게 됐다. 그의 스승은 1997년 향년 61세로 사망했으나 L 사장은 스승의 건물에서 40년간 건물 관리를 하며 본인의 자산을 일구어냈다.

L 사장은 40년간 명동에서 생활한 만큼 명동에 대한 애정이 각별했다. 주변 사람들에게 부동산 거래를 주선하는 경우도 많았다. 평소 부동산에 관심이 많았던 터라 아예 부동산학과를 전공하기로 했다. 부동산에 대한 이론을 공부한 것은 명동에서 사업을 하는 데 큰 도움이 되었다. 이론과 실무를 겸비한 L 사장에 대한 소문이 퍼져 종종 부동산 관련 논문을 쓰는 학생들이 찾아와 명동 부동산에 대한 조언도 구하기도 한다. 명동 부동산 매수를 위한 실수요자 역시 끊임없이 L 사장을 찾는다. 그럴 때마다 L 사장은 그들에게 코칭을 아끼지 않는다. 그동안 부동산으로 성공한 사업가도 많이 만나 그들의 노하우를 보고 듣는 것 역시 많은 도움이 됐다. 끊임없이 공부했을 뿐만 아니라 수많은 실제 사례를 접하면서 명동 부동산에 있

어서는 전문가가 됐다.

명동은 늘 많은 변화가 있는 지역이다. 1970년대 후반 명동은 내국인 중심의 시장이었다. 하지만 IMF와 금융위기, 최근 중국과 마찰을 빚은 사드 문제까지 여러 시련을 겪으며 명동을 휩쓴 트렌드에도 많은 변화가 있었다. 예를 들어 IMF 시절에는 패션 1번가였던 명동에서 여성 패션이 급격하게 자취를 감추더니 스포츠 브랜드가 유행하기 시작했다. 이전까지는 명동에 쇼핑을 나올 때 트레이닝복을 입고 나온다는 것은 상상도 못 할 일이었다고 한다. 하지만 IMF 이후 트레이닝복이나 운동화를 신고 명동에 쇼핑 나오는 사람이 점차 늘어난 것이다. 고급 패션의 중심지에서 스포츠 브랜드를 필두로 한 스트리트 패션의 성지로 트렌트가 변화한 결과다.

이렇게 끊임없이 변화하는 명동의 40년 역사를 지켜보며 L 사장은 평소 생활 습관처럼 남보다 빨리한다는 마음으로 명동의 상권을 분석해왔다. 트렌드에 맞는 상가를 입점시키고 매매 중개를 성사시켰다. 주변에서는 명동에서 장사하는 것에 대해 회의적인 말을 꺼내며 사업성에 의문을 갖기도 했다. 하지만 명동 상권은 결코 후퇴한 적이 없음을 지난 세월을 통해 잘 알고 있는 그였다. 자신이 직접 체험한 만큼 명동은 항상 꿋꿋하다는 것을 L 사장이 증명해 보여야만 했다. 그는 벤치마킹할 만한 곳을 찾아보기로 했다.

실제 명동은 외국인들이 가장 선호하는 한국의 관광명소이자 제

"최근 명동 곳곳에도 루프탑 레스토랑이 들어서고 있습니다. 바쁜 직장인들이 멋진 야경을 바라보며 한숨 돌리기에 좋은 장소가 되고 있죠.
홍콩, 뉴욕과 같은 해외의 메트로폴리탄의 경우 고층 건물 상부층일수록 최상의 환경을 제공함으로써 다양한 임차인을 유치하고 있어요. 아직까지 명동을 비롯한 서울 시내의 고층 빌딩의 경우 다른 글로벌 도시 대비 임차료가 상당히 낮습니다. 이는 역으로 서울 도심 건물의 상부층도 성장 가능성이 있다고 볼 수 있어요."

일 많은 유동 인구를 기록하는 곳이다. 사드 이후 중국인 관광객이 많이 줄었다고는 하나 다른 지역에 비해 호텔이나 게스트 하우스 같은 숙박 시설이 많아 여전히 관광객이 꾸준하게 유입된다. 따라서 관광객들이 좋아할 만한 브랜드를 계속해서 발굴하면 명동은 지속성장이 가능한 곳이다. L 사장은 권투선수로 일본에서 생활하던 1989년 무렵 도쿄 중심상가의 상인들이 건물의 상부층을 유용하게 잘 활용하던 것을 떠올렸다.

명동도 역시 고층부에 상가를 입점시킬 수 있을 것이라고 생각했다. 늘 사람이 붐비는 명동의 중심가나 지하상가에 투자하는 고정관념에 얽매이지 않고 좋은 브랜드를 선점하기 위해 남들보다 빨리 움직였다. 최근 이태원이나 연남동에서 뜨고 있는 루프탑 상권 역시 건물의 상부층을 잘 활용한 사례다. 최근 명동 곳곳에도 루프탑 레스토랑이 들어서고 있어 바쁜 직장인들이 멋진 야경을 바라보며 한숨 돌리기에 좋은 장소가 되고 있다. 홍콩, 뉴욕과 같은 해외의 메트로폴리탄의 경우 고층 건물 상부층일수록 최상의 환경을 제공함으로써 다양한 임차인을 유치하고 있다. 아직까지 명동을 비롯한 서울 시내의 고층 빌딩의 경우 다른 글로벌 도시 대비 임차료가 상당히 낮다. 이는 역으로 서울 도심 건물의 상부층도 성장 가능성이 있다고 볼 수 있다.

또한 L 사장은 남들이 노후화된 건물의 리모델링을 망설일 때 가장 먼저 리모델링에 뛰어들었다. 또한 상대적으로 인지도가 높은 프랜차이즈를 건물에 입점시켜, 건물 내 업종과 브랜드의 균형을 맞추는 것도 그만의 부동산 기본 전략이다. 그는 40여 년간 명동의 변화를 지켜본 산증인이자, 우리나라 부동산학과 졸업생 1호라는 이름에 걸맞게 부동산 관련 서적을 몇 권이나 써내기도 했다. 실제로 자신이 관리하고 있는 건물뿐 아니라 부동산 개발 컨설팅에도 관여하며 전문가로서 각각의 건물에 맞는 업종과 브랜드를 컨설팅하고 있다.

《부자의 집사》를 쓴 아라이 나오유키도 비슷한 이야기를 하고 있다. 시간을 잃으면 그 시간 안에 포함된 기회도 잃는다고 말이다. 부자들이 기회라고 생각하는 투자 대상이 나타나면 모든 일정을 취소하고 달려간다는 것도 바로 그러한 이유 때문이다. L 사장이 스승에게 배운 남들보다 빨리해야 한다는 가르침과 일맥상통하는 대목이다. 지금 당장 눈앞의 기회를 낚아채지 않으면 다른 사람에게 기회를 빼앗기고 만다.

자산관리 베테랑의 팁

"빠른 실행력이 부자를 만든다."

한국 사회는 다른 어떤 나라보다도 빠른 행동력에 높은 점수를 주는 사회다. 사계절이 뚜렷한 한반도의 날씨 때문인지 농부들은 계절이 바뀌기 전에 농사일을 빨리 마쳐야 했고, 그러한 기질이 우리 국민에게는 잠재된 듯하다. 요즘은 오히려 세상의 속도보다 느리게 가기, 천천히 하기 콘셉트가 등장해 유행하기도 하지만, 빨리한다는 것이 대한민국 사회에서 큰 장점으로 작용한다는 사실에는 변함이 없다.

보통 사람들이 고민하고 망설이며 결정하지 못하는 일을 명동 부자는 신속하게 결정하고 즉시 추진한다. L 사장도 부자가 되려면 관심을 가지는 것뿐만 아니라 남들보다 빨리 실행해야 한다고 누차 강조했다. 그 자신도 부자가 된 사람들의 사례들처럼 남들보다 빨리 시도했기에 성공했다고 말이다. 언제든 늦었다고 생각하지 말고 그때가 가장 빠르다고 생각하고 행동에 옮겨야 한다.

사업을 하는 사람만 빠른 행동력을 발휘해야 하는 것은 아니다. 평범한 급여소득자 역시 마찬가지다. 예를 들면 직장인의 큰 관심사인 노후 대비 플랜만 살펴봐도 쉽게 알 수 있다. 30세에 입사한 회사

원 A 씨가 연금상품에 가입하고 매년 700만 원씩 불입했다고 가정해보자. 60세 은퇴 시점이 되면 2억 1,000만 원의 원금이 쌓인다. 2퍼센트 단리로 계산하면 세후 수령액은 2억 6,300만 원이 넘는다. 만약 복리로 계산했다면 2억 7,500만 원이 된다.

"연금을 넣을 여유가 어디 있어?" 하고 카드값에 허덕이던 회사원 B 씨가 40대 중반이 되어 부랴부랴 연금을 불입하기 시작했다고 해보자. A 씨와 마찬가지로 60세 은퇴 시점까지 15년 동안 매년 700만 원씩 불입해 1억 500만 원의 원금을 모았다. 2퍼센트의 단리로 계산했더니 세후 수령액이 1억 1,800만 원이다. 원금도 원금이거니와 이자 수령액 자체가 다르다. A 씨는 30년간 불입했고, B 씨는 15년간 불입했으니 원금은 두 배다.

그렇다면 이자도 두 배일까? 그렇지 않다. 이자는 무려 네 배 가까이 차이가 난다. 세액 공제를 해주는 연금에 가입하고 세금을 돌려받는 효과까지 감안하면 더 큰 차이가 날 수밖에 없다. 이처럼 시간은 돈을 버는 과정에서 가장 중요한 변수다. 늦게 시작하면 시작할수록 똑같은 효과를 보기 위해서는 더 많은 자금을 투입해야 할 수밖에 없다. 급여소득자에게든 사업자에게든 빠른 실행력은 이처럼 중요한 것이다. 이른 시기에 시작했는지의 여부에 따라 큰 차이가 날 수밖에 없음을 잊지 말자.

만약 자신이 부모의 도움을 받지 못한 평범한 월급쟁이라도 자식에게만은 자신과 똑같은 상황을 만들어주고 싶지 않을 것이다. 그렇다면 부자는 아이가 태어나면 무엇을 할까? 다양한 준비를 하겠지만 그중 증여 플랜도 있을 것이다. 자산가들에게 증여는 항상 고려해야 할 요소다. 증여 공제 한도가 10년에 한 번씩 주어지기 때문에 자식이 태어난 순간부터 증여를 고민할 수밖에 없다. 증여가 꼭 부자들만의 이슈는 아니다. 직장인도 자신의 처지에 맞게 자녀를 위한 증여 플랜을 짜면 된다. 증여 문제도 빠르면 빠를수록 좋다. 이것이 핵심이다. 자녀를 위해 매월 10만 원을 저축했을 때 저축 기간별 비교표를 살펴보자. 금리는 2퍼센트로, 월복리, 비과세 기준이다.

저축기간	10년	20년	30년
원금	12,000,000원	24,000,000원	36,000,000원
이자	1,294,086원	5,528,816원	13,354,660원

왜 자산 관리를 빨리 실행해야 하는지는 숫자가 분명하게 말해준다. 자신은 급여소득자이고 소득이 얼마 되지 않으니 나중에 시작해야겠다고 생각한다면 부자가 되는 데 더 많은 시간이 걸리는 것은 자명하다. 부자가 될 가능성조차 점점 줄어든다. 부동산 역시 발 빠르게 발품을 팔아 좋은 부동산을 매수한 사람은 이미 그 시세차익을 누리고 있다. 빠른 실행을 몸에 익히도록 하자. 시작이 반이다.

제2장

명동의
흥망성쇠와 함께한
진짜 명동 사람들 이야기

: 치열하게, 묵직하게, 재빠르게 돈을 번 독특한 습관들 :

1 늘 데이터로 마진을 분석하라

식당에 가도 회전율을 계산할 정도로
분석을 습관화하라

"반복적으로 하는 행위가 곧 자기 자신이다.
탁월함이란 행동이 아닌 습관으로 완성된다."

_아리스토텔레스

일상 속에 깃든 부자의 습관

하루아침에 대단한 부를 이룬 부자는 없다. 무일푼에서 자산을 일군 부자에게는 부를 일구어낼 수밖에 없는 좋은 반복적인 습관이 있다. 명동에서 화장품 사업의 신화를 일군 김병희 사장 역시 본인만의 오랜 습관으로 부를 일구어냈다. 김 사장에게 사업을 하는 동안 위기가 없었는지 물었다. 큰 사업을 일구기 위해서는 실패나 시행착오가 있기 마련이라 크든 작든 굴곡이 있었을 거라 예상했었다. 그런데 나의 예상은 빗나갔다. 사업에서 아무리 작은 부분일지라도 먼저 분석하는 습관을 가진 덕분에 큰 굴곡을 겪지 않았다고 답했다. 습관이 몸에 배면, 데이터가 자동으로 쌓이고 리스크가 줄어들기 때문이다. 그 외에도 명동에서 만난 부자들은 자신들만의 습관을 철칙처럼 지키고 있었다. 과연 어떤 습관이 그들을 명동 부자의 반열에 오르게 한 것일까?

김병희 사장은 종종 가족들과 함께 소문난 맛집에 식사를 하러 간다. 식사를 하러 가면서 꼭 빠뜨리지 않는 과정이 있다. 왜 이 맛집이 장사가 잘되는지 자녀들에게 분석을 시키는 것이다. 가게의 테이블은 몇 개이며, 영업 노하우는 무엇인지, 시간대별로 몇 석이 들어차는지, 하루에 회전율이 얼마나 되는지를 확인시킨다. 그러고서 대략적인 한 달 매출과 인건비, 임차료 등을 포함한 비용까지 예상해 보게 한다. 매번 그런 분석에 익숙해지다 보니 김 사장의 자녀들도 기본적으로 사업가적인 마인드를 갖고 있다. 물론 김 사장도 항상 무언가를 시작하게 전에 꼼꼼하게 분석하다 보니 사업에서 큰 실패를 겪지 않았다.

"주변을 보면 사업이 크든 작든 깊이 생각하지 않고 시작하는 사람들이 있어요. 종종 실패하는 경우를 보게 되는데, 시작하기 전에는 아주 신중해야 해요. 분석과 준비가 잘 되어 있어야 하죠. 자신 있다고 판단되는 경우에만 사업을 시작해야 합니다." 김 사장은 10여 년간 직장 생활을 통해 회사의 여러 실무와 시스템을 습득하며 화장품 사업을 준비했다. 자녀들에게도 먼저 직장 생활을 경험해 대기업의 잘 정비된 시스템에 익숙해진 다음 큰 그림을 그려보라고 권했다. 아버지의 바람대로 김 사장의 자녀는 외국계 은행에서 7년 이상 근무했다. 자금 및 트레이딩 경험을 풍부하게 쌓았고 짜임새 있는 손익관계를 구축할 수 있는 실력을 쌓았다고 한다. 큰 금융기관에서의 근무 경험을 바탕으로 현재는 김 사장과 화장품 회사를 함께 운영하고 있다.

부모의 습관이 자녀의 습관을 만든다

부모 모두 돈에 대한 감각이 없고 돈을 현명하게 다루는 습관이 잡혀 있지 않으면 가계를 건전하게 꾸려나갈 수 없다. 먼저 부모가 저축에 대한 인식과 습관을 제대로 갖추고 있어야 한다. 부모가 말로만 그치지 않고 스스로 실천하는 것을 보고 자란 자녀는 부모와 마찬가지로 부자가 될 수밖에 없는 습관을 지니기 마련이다. 부모 중 한 사람이라도 확실한 경제 관념을 가지고 자녀들에게 모범을 보이면 자녀 역시 부자가 되는 습관에 익숙해진다.

세계적인 대부호 록펠러 가에서는 자녀에게 돈 공부를 시킬 때 한정된 용돈을 주는 방법을 활용한다고 한다. 자녀들은 매주 용돈을 받으면 용돈의 3분의 1은 자기가 쓰고 싶은 곳에, 나머지 3분의 1은 저축을 하는 데에, 나머지 3분의 1은 기부해야 한다. 또 매주 용돈 기입장을 검사해 부모의 지시를 잘 따른 자녀에게는 5센트를 주고, 저축이나 기부를 하지 않고 낭비한 자녀에게는 벌금 5센트를 내게 했다고 한다.

빌 게이츠 역시 2007년 인터뷰를 할 당시 열두 살이던 큰딸 제니퍼에게 매주 1달러의 용돈을 준다고 밝힌 바 있다. 당시 미국의 아이들이 평균적으로 16달러를 용돈으로 받는 것과 비교하면 정말 적은 액수다. 대신 빌 게이츠는 자녀들이 설거지나 구두닦이 등의 집안일을 통해 스스로 용돈을 벌도록 했다. 어릴 때부터 아이들이 직접 돈을 버는 경험을 하면서 독립적인 경제관념을 갖도록 한 것이다.

스가와라 게이의 《부자들이 죽어도 지키는 사소한 습관》을 보면 가정에서부터 돈에 대한 이야기를 수시로 꺼내야 하는 이유를 언급하고 있다. 어린 시절부터 부모와 함께 돈에 대한 이야기를 자주 할수록 올바른 경제 관념을 세우는 데 도움이 되기 때문이다. 또 부모들은 자녀들에게 올바른 경제 관념을 물려주고, 건전한 가계 생활을 유지하기 위해 노력해야 한다. 정당하게 돈을 버는 법, 낭비 없이 돈을 저축하는 법, 적은 돈이라도 알뜰하게 투자하는 법 등을 실천하는 부모 밑에서 자란 자녀들이라면 올바른 경제 습관을 갖는 데 문제가 없을 것이다.

김 사장은 사업으로 번 돈을 벌 때도 마찬가지라고 말한다. 사업을 할 때는 기본적인 비즈니스 마인드, 영업 노하우, 매출 같은 것들도 매우 중요하다. 하지만 수익을 관리하는 습관에 따라 10년 후, 20년 후에 극명한 차이가 날 수밖에 없다. 김 사장의 경우, 매장을 운영하면서 수익이 생기면 한 달 혹은 두 달 단위로 따로 나눠 관리했다. 예를 들어 A 매장에서 한 달간 5억 원의 매출이 발생했다고 해보자. 인건비, 임차료, 물품대금을 제하고 1억 원이 남았다고 가정하면 1억 원이라는 수익은 따로 빼두는 것이다. 마찬가지로 B 매장에서 수익으로 1억 5,000만 원이 발생하면 그 수익금 역시 따로 빼둔다. 이렇게 여러 매장에서 나온 수익금을 석 달, 넉 달, 차곡차곡 모으다 보면 어느덧 10억 원이 되고 20억 원이 모인다.

명동은 기본적으로 탄탄한 매출을 자랑하는 지역이지만 김 사장은 매입과 매출을 상당히 엄격하게 관리했다. 평소에 이렇게 관리하는 습관 덕분에 웬만해선 마이너스가 일어나지 않았다. 또한 김 사장은 자금이 수십억 원 이상 모이면 투자상품에 운용하지 않고 명동 건물을 매입하는 방향을 택했다. 예를 들어 100억 원짜리 물건이라고 하면, 매입 비용을 현금 40억 원, 보증금 10억 원, 은행 대출

50억 원으로 구성했다. 현재의 자산을 보유하게 될 수 있었던 것도 1998년에 경매로 나왔던 명동 건물을 처음 매매한 후부터 1년에 하나씩 건물을 구입하는 습관을 게을리하지 않은 덕분이었다.

목적별 통장을 마련하라

기본적으로 사업을 운영하는 사람이라면 영업 노하우라는 기본기 위에 탄탄한 매출이 더해져야 한다. 김 사장의 경우는 자금 관리의 습관이 얼마나 중요한지를 보여주는 대표적인 사례다. 은행원으로서 창구에서 만나는 다양한 고객 중 자금 습관이 효율적으로 잘 잡힌 사람을 만나기가 그리 쉽지 않다. 자영업자 중에는 카드 매출 대금이 들어오는 통장 하나만 달랑 가지고 있는 사람도 흔하다. 또 급여소득자들은 급여가 들어오자마자 무섭게 카드대금으로 빠져나가는 사람들도 많다. 만약 매달 급여를 받는다면 미리 한 달 치 생활비를 제외하고 저축용 통장으로 이체해두어야 한다. 자영업자라면 매출대금이 들어오는 대로 모아두지 말고, 매월 소요 경비를 차감한 돈을 저축용 통장으로 이체해야 한다.

국민연금, 퇴직연금, 개인연금을 일반적으로 3층 연금이라 부른다. 공적 부조(公的扶助)의 성격을 가지고 있는 1층 국민연금, 급여소득자가 회사를 다니는 동안 모으는 2층 퇴직연금, 개인적으로 납입하는 3층 개인연금이 이른바 '연금의 3종 세트'다. 아마도 국민연금으로 노후의 생활비를 충당하리라 기대하는 국민은 거의 없을 것이다. 특히 스스로 돈을 버는 자영업자의 경우 급여소득자가 가지고 있는 2층 퇴직연금 계정이 아예 없다. 개별적으로 준비해두지 않으면 부자가 되기는커녕 불안정한 노후를 맞이해야 할지도 모른다.

자영업자라면 소득공제를 해주는 노란우산공제부터 가입해야 한다. 노란우산공제란 소기업, 소상공인이 가입해 공제부금을 납입하고 폐업, 퇴임, 노령, 사망 등의 상황이 발생할 경우에 공제금을 받을 수 있는 제도다. 2017년부터 사업자도 가입할 수 있는 개인형 퇴직연금(IRP)이 등장했으니 관심을 가져볼 만하다. 연금저축과 IRP를 합산해 연간 700만 원까지 세액공제가 가능하다. 급여소득자 역시 세액공제가 가능한 IRP에 먼저 관심을 기울여야 한다. 조금 여유가 있는 급여소득자이거나 자산보유자라고 하면 비과세 연금상품에도 관심을 가져보자. 2021년까지 한시적으로 판매하는 ISA 통장 역시 200만 원(서민형은 400만 원)까지 비과세 한도가 주어지니 활용해두는 편이 좋다.

은행원의 소소한 팁을 한 가지 덧붙이자면, 통장에 목표나 꿈을 적어보면 좋다. 통장 실물에 네임펜으로 적어도 좋고, 인터넷이나 모바일로 가입했다면 통장 별명을 설정해도 좋다. 로그인할 때마다 목표나 꿈을 확인하는 각인 효과는 덤이다. VIP 고객이 되면 대여금고를 가지겠노라 차곡차곡 돈을 모았던 고객이 있었다. 대여금고를 가지게 된 날, 그는 평생의 꿈이 하나 이루어졌다고 기뻐했다. 부자가 되는 꿈은 그처럼 구체적일수록 좋다. 통장에 나만의 꿈을 담고 좋은 습관으로 완성하면 누구나 부자가 될 수 있다는 것을 명심하자.

반드시 눈으로 확인하라

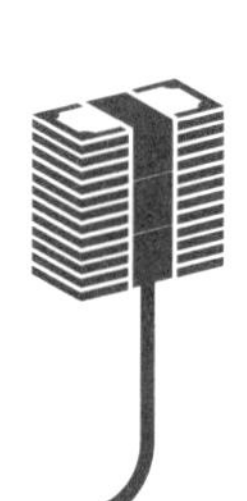

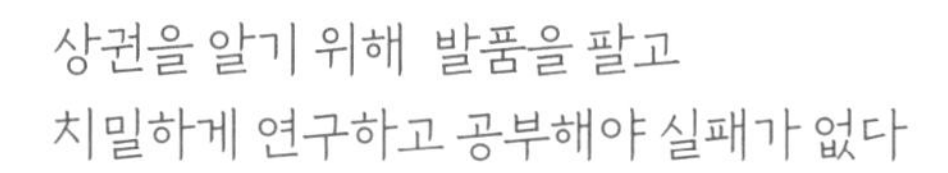
상권을 알기 위해 발품을 팔고
치밀하게 연구하고 공부해야 실패가 없다

"발견은 준비된 사람이 맞닥뜨린 우연이다."

_얼베르트 센트죄르지(Albert Szent-Györgyi)

명동에 가거든 1층이 아닌 2층부터 보라

명동은 경기 침체 속에서도 전국 중요 상가 중 공실률이 가장 낮다. 2018년 말 기준 명동 주요 상점 공실률은 3.5퍼센트였다. 외국인 관광객의 명동 방문 비중은 2016년 81.1퍼센트, 2017년 78.3퍼센트로 떨어졌다가 2018년 역대 최고인 83.8퍼센트를 기록했다. 외국인 관광객의 1인 평균 지출 금액은 1,500달러(170만 원) 수준이다. 특히 명동 일대 화장품 매장 부지는 전국 땅값 상위 10위권에서 내려올 줄을 모른다. 그뿐만 아니라 서울에서 일주일 평균 보행량 1위를 차지하고 있는 지역도 명동의 눈스퀘어 빌딩 앞이다.

명동 상가의 1층은 예로부터 공실이 없을 만큼 인기가 높다. 4호선 명동역에서 시작해 우리나라 공시지가 최고를 기록하는 네이처 리퍼블릭 자리(중구 명동8길 52)를 지나 을지로 입구까지 펼쳐진 상권과 명동성당에서 롯데백화점 본점 앞까지 이어지는 상권은 특히 유동인구가 많다. 이 일대의 건물 1층 임차료는 월 1억 원을 호가하기도 한다. 하지만 고개를 살짝 들어 상가의 위층을 올려다보면 〈임대문의〉라고 적힌 공실이 많다는 것을 쉽게 발견할 수 있다.

명동은 오래전에 발달된 상업지역이다 보니 소형 건물이 다닥다닥 붙어 있는 곳이 많다. 또 엘리베이터는 고사하고, 낡고 좁은 옛날식 계단을 위태롭게 오르내려야 한다. 최근 명동에도 리모델링의 바람이 불어 임차가 잘 이루어지고 있지만, 명동처럼 오래된 상권에서는 건물 상부층까지 임차가 된 건물을 쉽게 찾아볼 수 없다. 심지어 3년 전부터 시작된 사드 사태의 여파로 1층마저 장기 임차인을 구하기 힘든 건물도 있다. 그러다 보니 최근 명동에도 소위 '깔세'라고 하는 단기 임차 과자 판매점이 판을 치는 것이 현실이다. 이런 어려움 속에서도 L 사장은 프랜차이즈 매장과 개인 매장을 적절하게 구성해 1층부터 꼭대기까지 고르게 100퍼센트 임대했다. 과연 L 사장에겐 어떤 비결이 있었던 것인지 들어보기로 했다.

"그저 앉아서 돈을 버는 부자는 없습니다.
상권을 파악하려면 반드시 발품을 팔아야 합니다.
다리를 움직여 직접 돌아다녀야 한다는 말이죠.
이렇게 발품을 팔다 보면
상권의 특징을 자연스럽게 알게 됩니다."

▶ 대한민국 최고의 공시지가를 기록한
명동8길 52부터 시작되는 명동 중앙로 전경

건물에 다양한 업종을 유치하라

L 사장은 한때 빌딩에 획일적으로 병원이 들어섰던 것을 강조했다. 반면 그는 한 가지 업종에 국한하지 않고 다양한 업종을 유치할 수 있도록 장기 임대 계획을 짰다. 명동에서는 아주 큰 건물이 아니고서는 고층에 식당을 임대하는 것이 여간 쉬운 일이 아니다. 하지만 현재 L 사장이 관리중인 건물 4층에는 프랜차이즈 피자집이 들어와 있다.

우선 L 사장은 객관적으로 인정받은 유명 프랜차이즈를 입점시켜 건물의 인지도를 높였다. 프랜차이즈는 검증된 시스템이라 할 수 있다. 주요 소비자를 분석해 그중에서도 소비자들이 많이 찾는 좋은 프랜차이즈를 입점시켰다. 그것만으로도 이미 리스크가 일정 부분 해소된 것이나 다름없었다. 다음으로 외국인이 선호하는 업종에도 임대하면서 내국인이 선호하는 프랜차이즈와 외국인이 선호하는 프랜차이즈를 분리해 임대 계획을 세웠다. 그렇게 하면 최근의 사드 여파처럼 외국인 관광객이 주춤할 때 내국인 유동인구로 대체할 수 있다. 업종의 분산은 일종의 보험과도 같다.

외국인이 선호하는 업종을 고르는 눈을 기르기 위해서는 많은 경험이 필요하다. 특히 L 사장은 도쿄, 오사카, 홍콩, 대만처럼 명동과 비교할 수 있는 대표적인 관광 상권을 다녀볼 것을 권했다. 그 지역을 돌아다니면서 어떤 아이템들이 인기가 있는지 유심히 살펴보는 것이다. 만약 명동에서도 유행할 수 있다고 판단되면 관련 업종의 임대를 적극적으로 검토한다. 해당 기업에 먼저 찾아가 제안을 하기도 한다. 단, 무조건 트렌드를 따르기보다 남들이 아직 흉내 내지 못한 것을 찾아 선점할 것을 강조했다. 명동을 방문하는 관광객의 국적별 취향이 다르므로 맞춤 형식으로 찾아보아도 좋다.

관광객의 국적에 따라 선호하는 매장과 아이템은 완전히 다르다. 예를 들어 명동은 중국대사관, 중국영사관, 화교학교가 있는 지역의 특성상 중국인의 발길이 항상 끊이질 않는다. 명동 거리를 걷다 보면 여기가 중국인지 한국인지 모를 만큼 여기저기서 중국어가 들려온다. 가게 점원 중에 중국어를 못 하는 직원이 없고, 은행 지점에서 개설하는 급여통장의 절반 이상이 중국인이나 중국 동포들의 것일 정도다. 특히 중국 관광객은 화장품에 관심이 많고, 면세점에서 대량 구입하는 일도 흔하다. 그만큼 면세점 커미션 수입도 상상을 초월한다. 또 중국 관광 잡지에 소개되어 대인기를 누리고 있는 토스트 가게 앞은 아침마다 늘어선 긴 대기 줄로 진풍경이 펼쳐진다.

일본 관광객 역시 항상 꾸준하다. 일본보다 상대적으로 저렴한 피부 미용과 의료 관련 업종이 있는 건물에 관광객들이 늘 붐빈다. 일본 관광객들은 피부과, 미용실, 안경점, 렌즈 판매점 등은 기본이고, 음식에도 관심이 많다. 세종호텔이나 로열호텔은 정기적으로 한국을 찾는 일본 관광객의 주요 숙박 장소다. 또한 그들은 은행에서 매년 예금을 갱신하기도 한다. 예금금리가 없는 일본 은행 대신 국내 은행에 예치하기 때문이다. 1년 이자로 비행기 티켓값은 나온다고 한다. 또 삼계탕, 냉면, 칼국수 등 맛있는 먹거리 투어는 일본인 관광객이 선호하는 관광 코스다. 아침 일찍부터 설렁탕을 먹느라 대기하는 모습은 일상적인 수준이다. 다른 음식들과 달리 맵지 않고 뜨끈한 국물까지 일품인 닭한마리 식당도 인기다.

최근에는 히잡을 쓰고 다니는 아랍계 관광객도 많이 늘었다. 그 여파를 반영하듯 여기저기 할랄 식당도 들어섰다. 이태원과 멀지 않은 입지 덕분에 점점 더 많은 아랍계 관광객이 유입될 거라 예측된다. 또한 명동성당이 있어 가톨릭 신자들의 왕래도 잦다. 그런가 하면 오후 4시가 되면 명동 길 건너에 주차되어 있던 포장마차들이 줄을 지어 출근하는 진풍경도 볼 수 있다. 포장마차의 메뉴는 보통의 시장에서는 구경도 못 할 아이디어 음식에서 랍스터 같은 고급 재료를 활용한 음식까지 다양하다.

발품을 팔지 않으면 상권을 모른다

그저 앉아서 돈을 버는 부자는 없다. 상권을 파악하려면 반드시 발품을 팔아야 한다. 발품을 판다는 뜻의 영어 표현인 'do the leg work'에서도 알 수 있듯 다리를 움직여 직접 돌아다녀야 한다는 말이다. 이렇게 발품을 팔다 보면 상권의 특징을 자연스럽게 파악할 수 있다. 직접 발품을 팔아 발견한 특징을 나만의 노하우로 정리해 두면 사업 아이템을 정할 때도 도움이 된다. 직접 가보는 것뿐만 아니라 여러 매체에서 꾸준히 정보를 얻는 것도 포함된다.

명동역 일대는 아침 8시가 되면 스키장이나 인근 관광지로 출발하는 관광버스로 인해 교통이 마비되기도 한다. 관광버스들이 출근하는 시민들의 차와 뒤섞여 매일 아침 경찰들이 출동한다. 외국 관광객을 싣고 오거나 태우기 위해 관광버스와 공항으로 가는 리무진을 기다리는 수많은 외국인의 대기 줄은 명동만의 진풍경이다. 서울 시내에 제아무리 다양한 상권이 존재해도, 명동만큼 다양하고 독특한 상권은 없다. 게다가 인근에 위치한 남대문과 길 건너 남산까지 함께 관광할 수 있는 관광의 메카다. 남대문시장의 독특한 재래시장 문화나, 서울 시내를 한눈에 내려다볼 수 있는 남산의 서울 N 타워를 하나의 벨트로 묶은 아름다운 산책길도 명동을 더욱 돋보이게 한다. 그야말로 수많은 스토리가 나올 수 있는 상권이다.

은행에서 근무하며 2,000건이 넘는 경매 물건을 취급하며 이론과 실무를 겸비한 부동산 투자의 귀재 고준석 교수 역시 저서 《부자가 되려면 부자를 만나라》에서 상권의 중요성을 언급했다. 부동산 투자에 있어 중요한 것은 개별 상가가 아니라, 흔들리지 않는 상권이라고 했다. 비록 명동이 외국인의 발걸음에 따라 매출이 오르내린다고는 하나 한 번도 공시지가가 떨어져본 적이 없는 흔들리지 않는 상권임은 분명하다. 다만 현재까지 명동을 대표하는 아이템이 딱히 없는 것이 단점이다. 좀 더 다양한 콘텐츠에 대한 고민을 통해 명동만의 확실한 아이템을 찾는 사람은 부자가 될 수 있을 것이다. 지금도 열심히 발품을 팔면서 공부하고 있는 바로 여러분이 명동에서 또 다른 신화를 일구어낼 미래의 명동 부자이지 않을까?

최고를 자신한다면 올인하라

작은 회사도
글로벌 회사처럼 경영해야 성공한다

"최고로 잘할 수 있는 일에만 집중한다."

_스티브 잡스

이익 공유 제도로 직원들을 독려하라

작은 중소기업이라도 글로벌 회사처럼 경영하면 매출은 말할 것도 없고 회사 구조가 탄탄해진다. 작은 보세 옷가게에 지나지 않는다고 생각할 수 있지만, 맹시환 사장이 운영하는 엠핀은 여느 글로벌 회사 못지않다. 이랜드 출신으로서 본인이 가장 잘하는 것을 활용해 사업 안팎으로 최고를 추구하는 맹 사장, 그는 어떻게 회사를 운영하고 있을까? 어려운 경기 상황에서도 판매 실적이 날로 신장하고 있는 엠핀의 이야기를 들어보기로 했다.

엠핀에 있는 옷은 빨리 사지 않으면 품절되고 만다. 소비자가 사고 싶은 옷을 판매하는 것이 가장 기본 전략이지만, 엠핀만의 몇 가지 판매 전략이 있다. 바로 한정된 수량으로 판매하고, 할인을 하지 않는 전략이다. 소비자들은 지금 사지 않으면 품절이라는 생각에 즉시 구매를 결정한다. 게다가 1년 내내 세일이 없다 보니 옷 구매를 나중으로 늦출 이유가 없다. 직원들의 적극적인 코디 제안도 고객들의 구매에 큰 영향을 미친다. 때때로 금융상품을 파는 은행원보다 더욱 열과 성을 다해 판매하는 모습에 깊은 인상을 받기도 한다. 직원들의 이런 열정은 맹 사장의 회사 운영방식에서 비롯된 것이다.

15개 정도 되는 매장에서 판매될 옷은 매장의 매니저가 디자인별, 사이즈별로 판매 수량을 전적으로 지정한다. 철저히 매장의 매니저에게 모든 권한과 책임을 위임하는 것이다. 즉, 성과별로 직원의 연봉이 다르다는 것을 의미한다. 직원들의 연봉은 기본급과 성과급으로 나뉘어 있다. 연말이면 직원들은 이익 공유를 통해 배당금을 지급받는다. 회사 주식에 투자해 추가 배당을 가져갈 수도 있다. 이익 공유 제도와 회사 주식에 투자할 수 있는 권한을 직급별로 달리 구성한다. 매장 매니저의 경우 급여와 이익 공유, 회사 투자의 모든 권한이 부여된다.

직원들은 입사 후 진급할수록 회사의 모든 제도를 활용할 수 있다. 시스템으로 갖춰져 있다 보니 전 직원이 성과를 내어 승진하기 위해 열심히 일하는 분위기가 자연스럽게 만들어졌다. 일반 회사처럼 직급별 최소 근무 연한도 없고, 입사 전 경력은 일절 반영하지 않는다. 철저히 능력 위주의 시스템이다. 그러다 보니 능력이 있는 사람은 승진도 빠르고 유리천장도 없다. 당연히 업무 스트레스는 있겠지만 열심히 일하고 능력을 인정받기만 하면 자신의 능력을 마음껏 펼칠 수 있는 회사라고 맹 사장은 강조한다.

하이테크놀로지보다 하이터치

회사에서 관리하는 매장이 15개나 되기 때문에 엠핀에는 직원이 상당히 많다. 맹 사장에게 적지 않은 직원들을 어떻게 관리하는지 물었다. 맹 사장은 질문을 듣자마자 기다렸다는 듯 답한다. "저는 직원들을 관리하지 않아요. 관리라는 말도 좋아하지 않고요. 관리라고 하면 무언가를 들여다보는 거잖아요. 직원들에게 맡기고 의견을 존중합니다. 책임과 권한을 명확히 부여하는 것이 더 중요합니다. 그리고 스스로 잘할 수 있도록 모든 것을 시스템화했어요. 열심히 일하면 그에 따라 충분히 보상을 합니다. 직원들 각자 근성이 있으면 일을 가르칠 수 있고, 머리가 있으면 일을 맡길 수 있어요. 품성이 좋으면 사람을 맡길 수 있죠. 관리라는 것은 필요하지 않아요."

매주 월요일 아침, 전 직원이 한자리에 모여 아이디어를 교환하는 시간을 갖는다. 맹 사장은 직원들이 자유롭게 토론할 수 있도록 최대한 말을 아끼고 주로 듣기만 한다. 직원들과 소통을 하기 위한 맹 사장의 경영 철학이 돋보이는 대목이다. 이러한 소통의 장은 워크숍에서도 이어진다. 엠핀에서는 1년에 한 번, 전 직원이 매장 문을 닫고 제주도로 워크숍을 간다. 워크숍에서도 회사의 운영 방향에 대해 소통하도록 자유로운 분위기를 마련할 뿐, 더 이상의 사장 역할은 없다고 한다.

잘 팔 수 있는 곳에 집중하라

엠핀은 최고로 잘할 수 있는 일에만 집중하는 전략을 택했다. 온라인 판매를 하지 않고, 오프라인 매장 마케팅에만 집중하기로 한 것이다. 애플(Apple)은 '이 세상을 이끄는 최고의 제품을 만든다'라는 모토하에, 최고로 잘할 수 있는 일을 명확히 선별했다. 기업의 방향으로 선별된 일에 최고의 인력과 자원을 집중하는 방식을 채택했다. 1997년 애플의 CEO로 복귀한 스티브 잡스는 애플이 생산하던 제품 현황을 검토했다. 그가 판단하기에 애플은 너무 많은 제품을 만들고 있었다. 스티브 잡스는 당시 제품의 약 70퍼센트를 제거하기로 결정했다. 데스크톱 PC와 포터블 PC 등 최고로 잘할 수 있는 소수의 제품에만 집중하기 시작했다.

스티브 잡스는 경영진들에게 향후 애플이 해야 할 일 10가지 리스트를 선정해보라고 지시했다. 경영진들이 고민 끝에 작성한 10가지 리스트를 본 잡스는 맨 아래부터 7가지의 항목을 지웠다. 그러고 나서 "우리는 위에서부터 딱 3개, 그것만 한다."고 말했다. 이처럼 선택과 집중을 통해 애플은 제품 라인업(line-up)을 단순화시켰다. 맹사장 역시 애플의 비즈니스 모델과 마찬가지로 본인이 잘해낼 수 있다고 판단한 오프라인 시장만을 공략했다. 이러한 비즈니스 모델은 스티브 잡스가 추구한 "최고로 잘할 수 있는 것에 집중하는 것이 회사와 제품을 위한 진리다."라는 정신에도 부합한다.

평범한 급여소득자라 할지라도 글로벌 마인드를 연습할 필요가 있다. 누가 시켜서 억지로 움직이기보다 스스로 플랜을 짜고 성취해 나가야 한다. 사소한 목표라도 플랜을 짜는 연습을 위해 나만의 프로젝트를 짜볼 것을 권한다. 꼭 업무와 관련된 것이 아니더라도 일상 속에서 사소한 것을 찾아 플랜을 짜봐도 좋다. 예를 들어 2017년 8월 카카오 크루(krew, 카카오 내부에서 직원을 일컫는 호칭) 한 명이 사내 게시판에 글을 썼다고 한다. 100일 글쓰기를 통해 작은 성취를 만들고 글쓰기를 업그레이드하는 프로젝트였다.

곧이어 다양한 프로젝트가 진행됐다. 주제는 간단하지만 다양했다. 칭찬과 감사 나누기, 운동, 심지어 꾸준히 물 마시기까지 서른 가지가 넘는 주제로 프로젝트들이 진행됐다. 해당 프로젝트에 참여한 크루들은 서로를 독려하고 목표를 이루어내고, 기부로도 이어져 성취감까지 느낄 수 있었다고 한다. 지금 이 책을 읽고 있는 독자도 자신만의 프로젝트를 얼마든지 시작할 수 있다. 기존에 진행 중인 프로젝트에 참가해도 좋고, 직접 만들어도 좋다. 일요일 저녁 함께 달리기 프로젝트에 참가한 사람들이 잠실에서 한데 모여 줄을 맞추어 함께 달리는 모습을 본 적이 있다. 프로젝트는 이처럼 작은 것부터 시작하면 된다.

글로벌 마인드라고 해서 너무 거창하게 생각하지 말자. 대한민국 평범한 할머니를 대표하는 박막례 할머니는 이제 세계적으로 유명한 유튜버가 됐다. 농사를 짓던 평범한 집안에서 태어나 글도 못 배웠지만, 유튜브 구독자 100만 명을 달성했고, 구글 CEO 순다르 피차이는 할머니의 채널을 가장 영감을 주는 채널이라고 극찬하기도 했다. “왜 남한테 장단을 맞추려고 하나. 북 치고 장구 치고 니 하고 싶은 대로 치다 보면 그 장단에 맞추고 싶은 사람들이 와서 춤추는 거여.” 라는 할머니의 말을 곱씹어보며 글로벌 마인드란 나만의 방식을 만드는 것이라는 생각에 이른다.

해외에서 수년간 공부해도 글로벌하지 못한 사람이 있을 수 있고,

외국에 나가본 경험이 없더라도 어떤 마음가짐을 가졌는지에 따라 글로벌해질 수 있다. 어느 누가 대한민국의 평범한 70대 할머니가 세계적으로 유명한 유튜버가 되리라 상상했을까? 작은 것에서부터 시작해보자. 예를 들면 매일 하는 아침 인사도 나만의 방식을 만들어볼 수 있다. 나만의 독창적인 방식으로 나의 무기를 만들자. 그것에 집중해 최고가 되는 것, 그것이 바로 성공의 지름길이다.

실패는 실패가 아니다

처음부터 사업에 성공하는 사람은 없다

"나는 내 농구 경력에서 9,000개 이상의 골을 넣지 못했다. 나는 거의 300경기에서 졌다. 나는 26번 승리를 위한 골 기회가 주어졌을 때 넣지 못했다. 나는 내 인생에서 실패하고 또 실패했다. 그리고 그것이 내가 성공한 이유다."

_마이클 조던

누구나 인생에서 3번의 실패를 한다

1925년에 《위대한 개츠비》를 세상에 내놓은 프랜시스 스콧 피츠제럴드 역시 책을 출간할 당시 혹평을 받았고, 매출도 좋지 않았다. 그는 자신이 인생에 실패했다고 생각한 채 1940년에 사망했고, 그

제야 그의 작품은 미국의 심장을 두드린 소설로 인정받았다. 지금은 너무나 유명한 영화감독 스티븐 스필버그 역시 USC 연극영화과로부터 입학을 거절당했지만, 영화계에서 성공하는 데는 전혀 문제가 없었다. 월트 디즈니도 디즈니랜드를 세우기 위한 자금을 구하러 다닐 때 300번이나 넘게 거절당했다. 심지어 스티브 잡스는 자신이 창립한 회사에서 쫓겨나기도 했다.

작은 보세 옷가게를 글로벌 감각의 회사로 일구어낸 맹시환 사장도 처음부터 사업을 탄탄대로에 올려놓은 것은 아니었다. 앞서 말한 것처럼 대기업에서 6년 이상 근무하며 사업에 필요한 업무 지식과 노하우를 배웠다. 철저한 준비를 마쳤다고 생각한 후에 자신의 사업을 시작했지만 실패를 거듭하기 일쑤였다. 하지만 실패를 당연한 과정으로 여기고 도전을 멈추지 않자 성공에 이를 수 있었다.

밖에서 바라보는 시장과 실제로 부딪혀본 시장이 완전히 다르다는 것을 인정하지 못하고 쉽게 포기하는 사람이 많다. 대부분 초보들은 한 번의 실패에도 쉽게 의지가 꺾여버린다. 초보들이 쉽게 저지르는 첫 번째 실수는 처음부터 잘할 수 없는 것에 큰 기대를 하는 것이다. 두 번째 실수는 쉽게 좌절하는 것이다. 어떤 사람도 실패 없이 성공에 이르지 못한다는 것을 명심해야 한다.

영점 조준을 통한 실패 극복 방법

맹 사장은 군대에서 사격훈련을 받을 때 준비 과정인 영점 조준하는 법에 대해 언급했다. 영점 조준이란 탄도가 나아가는 방향이 사격을 하는 사람의 눈과 가늠자 그리고 목표와 일직선이 되도록 총의 가늠자를 조금씩 이동시키는 과정이다. 보통 아무런 조정 없이 과녁을 조준해 실탄을 세 번 쏘고 집탄된 곳을 파악한 후 가늠자를 수정한다. 영점 조준을 하는 이유는 기본적으로 총기의 총열과 조준선이 정확하게 일치하지 않기 때문이다. 총을 아무리 정밀하게 생산한다 해도 조금의 오차도 없이 완벽하게 일치하게 만들기는 힘들다. 조준에 작은 오차라도 생기면 총알이 나가는 각도가 어긋나 수십 미터에서 수백 미터까지 떨어져 있는 곳에 이르면 큰 격차가 생긴다. 그러한 실수를 없애기 위해 미세하게 조정해 오차를 바로잡아주는 것이다.

자신의 총기를 받은 사격자는 자신의 표적지에 세 발씩 세 번 사격을 실시한다. 우선 세 발을 쏘고 난 다음에는 탄착점을 보고 크리크를 조정한다. 또 세 발을 쏜 다음 탄착점을 확인해 조정이 필요하면 조정을 거듭한다. 마지막 세 발을 쏘고 영점을 잡았는지 판별한다. 맹 사장이 영점 조준에 관해 이야기한 까닭은 영점 조준을 하듯 사업을 할 때도 자신에게 익숙해질 때까지 세 번의 사격을 해봐야 하기 때문이다. 맹 사장이 말한 세 번의 사격을 위한 총알은 돈, 열정, 그리고 시간이었다.

처음 사격을 하면 누구나 완벽하게 과녁을 맞히기 힘들다. 대부분 영점을 조정하는 과정이 필요하다. 맹 사장은 대기업 출신 엘리트들은 실전에서 예상치 못한 결과를 맞닥뜨리면 쉽게 받아들이지 못한다고 충고한다. 이때 순순히 실패를 받아들이고 두 번째 총을 쏠 준비를 해야 한다. 원래 누구나 처음부터 잘 안 맞는다는 사실을 인정하고 수정할 줄 알아야 한다. 고작 한 발을 쏘고 나서 실망한 나머지, 포기해버리면 다음 기회는 없다. 세 발씩 세 번의 조준을 할 수 있도록 자신의 돈과 열정과 시간을 잘 관리하고 도전해야 한다.

테슬라의 CEO 일론 머스크와의 만남을 주선하고, 바티칸에서 결혼식을 올릴 수 있게 도와주고, 도널트 트럼프와의 식사 자리를 마련하려면 어떤 노력을 해야 할까? 이처럼 불가능해 보이는 고객들의 꿈을 실현시킨 사람이 있다. 영국의 가난한 동네에서 태어난 벽돌공이었지만, 전 세계 상위 1퍼센트를 고객으로 둔 블루피시를 창업한 스티브 심스가 그 주인공이다. 그는 자신의 책 《사람의 마음을 움직이는 힘》에서 실패라는 말을 지울 것을 권한다. 실패는 곧 우리에게 무엇을 하지 말아야 하는지 가르쳐주는 교육일 뿐이라고 말한다. 그의 말처럼 실패는 실패가 아니다. 지금 자신이 하던 일에서 실패를 경험했다고 해서 자신의 꿈까지 끝나는 것은 아니다.

한편 스티스 심스는 실패를 발견으로 받아들일 수 있을 때 앞으로 나아갈 수 있는 용기와 호기심을 얻을 수 있다고 말한다. 재테크의 고전으로 손꼽히는 로버트 기요사키도 《부자 아빠 가난한 아빠》에서 대부분의 사람들이 처음 5년 이내에 실패하는 것은 자본과 경험의 부족 때문이라고 강조한다. 그리고 거기서 살아남은 사람들이 다음 5년 이내에 실패하는 이유는 자본이 부족해서가 아니라 에너지가 부족하기 때문이다. 지나치게 길고 고된 노동이 사람들을 포기하게 만드는 것이다. 그만큼 많은 사람이 에너지를 소진해서 쓰러지고 만다.

돈, 열정, 시간이라는 총알을 늘 채워두라

누구나 실패로 인해 좌절감을 느끼고 실의에 빠질 수도 있다. 때로는 그런 시간도 필요하다. 다만, 실패는 금방 지나간다는 것을 잊지 말자. 실패감에 젖어 시간을 허비한다면 다음 기회를 놓칠 수 있다. 실패의 원인을 파악하고 다음에는 똑같은 실수를 저지르지 않도록 노력하는 것이 더욱 중요하다. 실패로 인해 자신의 약점이 무엇인지 알게 됐다고 생각하고 다음 총알을 쏠 준비를 하고 다시 정조준하자.

실패 과정이 몇 번 더 반복될 수 있다는 점도 명심해야 한다. 맹 사장은 세 번의 사격을 위한 총알이 곧 돈, 열정, 그리고 시간이었다고 말한다. 혹시라도 반복될 실패에 대비해 사업을 시작할 때에는 모든 자금을 올인하지 말자. 오뚝이처럼 다시 우뚝 일어날 수 있도록 여유 자금을 추가로 마련해두어야 한다. 첫 번째 사업은 실패할 확률이 크다는 것을 기억하자. 100퍼센트 성공한다는 보장도 없는데 모든 자금을 투여한다면 두 번째 도전을 시도조차 하지 못할 것이다.

열정 또한 마찬가지다. 열정은 가장 중요한 총알이다. 부자가 된 사람은 누구보다 본인의 정신적, 신체적 체력을 잘 인지하고 있다. 그들은 운동을 게을리하지 않는다. 건강한 신체는 모든 사업의 기본이 되기 때문이다. 매일 신체를 단련해 정신까지 무장하는 것은 기본이다. 심지어 미미한 체중 변화까지 인지할 정도로 체력관리에 철저하다. 지금 여러분도 시작하고자 하는 일이 있다면 끝까지 추진해 그 결과를 볼 수 있도록 마음가짐과 체력을 잘 관리해야 한다. 조금씩이라도 식습관과 운동 습관을 변화시키며 체력 관리를 소홀히 하지 말자.

시간 관리 역시 중요하다. 대부분의 부자들은 사업을 시작한다면 적어도 40대 중반에서 50대 사이에 시작하는 게 좋다고 추천한다. 은퇴 후에 시작하면 실패할 경우 다시 일어서지 못할 가능성이 크다. 더 이상 자신에게 시간이 없다는 조급함에 실수할 확률이 더 높아지기 때문이다. 아무리 늦어도 50세 이전에 시작한다면 실패하더라도 다시 일어날 시간적인 여유가 생긴다. 더 늦어지면 과감한 도전을 못 하게 될 가능성도 크다. 돈과 열정과 시간 관리라는 세 가지 총알을 가지고 자신이 바라보는 과녁에 제대로 꽂힐 때까지 영점 조준을 해보자.

일률적인 관점을 바꿔라

누구에게, 무엇을, 어떤 채널에서 팔 것인지를
명확히 하라

"상식으로 생각해서 해결책이 나오지 않을 때는 절호의 찬스라고 생각하라."

_손정의

폭스바겐과 마켓컬리의 공통점

1970년대와 1980년대에 미국에서는 전장이 긴 차량을 많이 제작했다. 당시 사람들은 더 크고 더 긴 자동차를 타면서 자신들의 부를 드러냈다. 자동차 제조회사들도 더 길고 낮은 차를 만들어 고급화 전략을 펼쳤다. 폭스바겐은 자동차 시장의 틈새를 파고들어 싱크 스몰(think small)이라는 광고로 새로운 시장을 찾아냈다. 어떤 시장이나 틈새시장이 있기 마련이다. 요즘은 1인 가구나 2인 가족이 늘어나는 추세다. 바쁜 직장인들은 장을 보러 갈 시간도, 요리해 먹을 시간도 부족하다. 이런 틈새시장을 파고들어 대성공을 이룬 식품 유통회사도 있다. 바로 마켓컬리다. 마켓컬리가 등장한 2015년만 해도 신선식품을 온라인으로 구입할 수 있는 서비스는 많지 않았다. 마켓컬리는 신선식품을 새벽에 배송하는 서비스로 시장의 주목을 받으며 설립 당시 29억 원에 불과했던 매출 규모를 3년 만에 50배 이상 급성장시켰다.

많은 기업들이 틈새시장을 찾아야 성공한다고 입버릇처럼 말한다. 하지만 틈새시장을 발굴하는 능력을 갖춘 사람은 드물다. 남들이 발견하지 못하는 틈새시장을 찾아내려면 어떤 능력이 있어야 할까? 남다른 시각으로 새로운 금융 사업 아이템을 찾아낸 S 사장의 노하우는 무엇일까? S 사장은 어떤 비즈니스든 첫 단계에서 누구에게(customer), 어떤 상품을(product), 어떤 채널(channel)로 팔 것인지를 생각한다고 한다. 그런 다음 자신만의 독특한 시선으로 비즈니스 환경을 바라보는 것이다.

먼저 S 사장은 '누구에게' 팔 것인지를 결정했다. 앞서 이야기한 S 사장의 신상품이다. 이미 시장에선 많은 고객이 하나 이상의 은행이나 카드사와 거래를 하고 있었다. 보험 상품의 특성상 기존의 은행이나 카드사의 데이터베이스를 활용해 새로운 상품을 판매해야 한다는 결론에 도달했다. 다음으로 '어떤 상품을' 팔 것인지의 단계에서는 기존의 보험회사에서 주력으로 내세우는 상품이 아닌 틈새상품을 팔아야겠다고 정했다. 보험회사를 잘 활용하면 판매가 될 수 있다고 생각했다. '어떤 채널로' 팔 것인지의 단계에서는 콜센터라는 경로를 통하기로 했다. 이후 여러 채널을 통해 상품의 판매 채널을 확장시켰다. 고객을 정확하게 세분화해 접근한 것이다.

보험은 어떤 시장보다도 경쟁이 치열한 사업 분야다. 그런 분야에서 성공하기 위해서는 본인만의 전략이 중요하다. 경쟁사들이 저렴한 수수료를 제안하면, S 사장은 "우리 회사가 리스크를 대신 지겠습니다."라고 대응하며 다른 시각으로 접근했다. 고객사의 입장에서는 상대방이 리스크를 가져가니 항상 수익이 보장된다. 보통 다른 회사들이 수수료를 줄이는 식으로 접근하는 데 반해 S 사장은 리스크를 책임지겠다고 하니 고객사들로부터 선택받을 수밖에 없었다. 그렇게 신상품을 만들어두니 고객사로부터 매달 꼬박꼬박 수수료로 수입을 얻을 수 있었다. 수익이 들어올 수밖에 없는 구조가 만들어진 것이다.

반드시 대단한 사업 아이템을 선택할 필요는 없었다. 시장에서 인기 없는 상품이라도 정확한 판단력으로 틈새를 공략하면 된다. S 사장도 보험회사에서 가장 인기가 없는 세제적격 연금저축보험을 판매한 적이 있다. IRP(개인형 퇴직연금)가 많이 팔리기 전이었고, 연금저축이라는 상품 자체에 대한 관심이 많이 떨어져 있었다. 하지만 아무리 인기 없는 상품이라도 누구에게 어떤 채널에서 팔 것인지를 정확히 분석하면 시장성은 존재한다. 아니나 다를까 정확한 타깃을 설정해 판매했더니 웬만한 중소 보험회사에서 판매하는 것보다 많이 팔렸다. 세제적격 연금저축은 세액공제 혜택을 주는 상품이면서 사업비가 저렴하다. 고객들로서는 다른 연금상품보다 낮은 사업비가 큰 매력일 수밖에 없었다. 보험회사로서도 죽어 있던 상품을 콜센터를 통해 어마어마하게 팔았으니 이득이었다. 당시 400명에 달하던 상담원들은 매달 상당한 수입을 얻었다고 한다. 회사 차원에서도 최소 5년 동안 수수료가 꾸준히 들어오는 수익 구조를 만든 것이다.

알래스카의 시장에서 기회를 발견하다

똑같은 대상을 다른 각도에서 바라보는 능력은 타고나는 것이 아니다. S 사장은 미국에서 거주하던 시절 다양한 사업을 보고 배웠다고 한다. 그가 머물렀던 알래스카에는 규모가 아주 큰 해산물 시장이 있었다. 그런데 시장 상인들이 포장 단계에서 명란을 버리곤 했다. 그냥 버려지는 명란을 아깝게 여긴 S 사장은 시장 상인으로부터 명란을 사들여 한국으로 냉동시켜 보냈다. 알탕의 재료로 쓰이는 한국의 명란은 보통 크기도 작고 흐물흐물하다. 반면 S 사장이 알래스카에서 구한 명란은 싱싱할 뿐만 아니라 포도알처럼 톡톡 터지는 식감 덕분에 한국에서 큰 인기를 누렸다. 당연히 큰돈을 벌게 해주었다.

S 사장이 알래스카 해산물 시장에서 발견한 두 번째 아이템은 아귀였다. 미국에서는 아귀 머리를 포함해 여러 부위를 손질해 버린 것을 유럽권으로 수출하고 있었다. 시장 유통 과정을 유심히 살펴보던 S 사장은 머리를 떼어다 한국으로 보내보기로 했다. 한국에서는 생선 머리도 요리에 쓴다는 점에 착안한 것이다. 해산물 시장의 판매자로서는 버리던 부위를 수출까지 하게 되니 서로가 윈윈하는 비즈니스가 아닐 수 없었다. 당시 대형 수산회사 직원들도 출장을 와서 유통 과정을 모두 지켜봤을 텐데 그들은 왜 S 사장처럼 생각하지 못했을까? 그것이 바로 남들과 다른 시각이자 특별함이다. S 사장만의 틈새를 공략하는 능력이다.

또 S 사장은 일본 상인들이 자연산 광어를 포장하는 과정을 본 적이 있었다. 그들이 광어 밑에 넣은 얼음은 단무지 모양처럼 평평했다. 뾰족뾰족한 얼음 대신 평평한 모양의 얼음을 깔아 광어에 흠집이 나지 않도록 세심하게 신경을 쓴 것이었다. 성게알 역시 이동 과정 중에 흔들리는 것을 감안해 모양이 헝클어지지 않도록 상어지느러미처럼 까끌까끌한 재질의 포장지로 포장하고 있었다. 30년 전 일

"자신이 하던 일에서 아이템을 찾으면
적어도 실패하지 않고 성공률을 높일 수 있어요.
다른 사람보다 자신 있는 사업 아이템을
누구에게 어떻게 팔 것인지를 정하면
그것이 바로 비즈니스입니다.
만약 현재 직장을 다니면서 사업을 시작하기 위해
아이템을 찾고 있다면
반드시 실천해봐야 할 과제입니다."

본 상인의 세심함을 보고 배운 이후로 비즈니스를 할 때 세밀한 부분까지 체크하는 것이 습관이 됐다고 한다. S 사장은 관찰을 생활화하다 보면 주변에 비즈니스 아이템이 무한정으로 많다고 강조한다.

숨은 시장을 발견하는 3가지 원칙

S 사장은 여전히 아이디어로 넘쳐난다고 한다. "열심히 찾아보면 사업화 할 게 많아요. 매월 일정하게 지출하는 비용 중에 통신 요금은 누구나 내는 거잖아요. 예를 들어 스마트폰 요금이 5만 원이라고 하면 5만 원의 0.3퍼센트를 미리 부가해두는 겁니다. 스마트폰 주인이 요금 납부를 하지 못하는 상황이 되면 미리 부가해둔 금액으로 일정 기간 스마트폰 요금을 면제해주는 거죠. 고객으로서는 몇 백 원만 내면 되니 부담 없고, 통신사로서는 요금을 못 받을 리스크가 없어지니 서로 좋은 거죠."

S 사장은 직장인에게 꼭 전달하고 싶은 메시지가 있다고 했다. 자신이 하던 일에서 비즈니스 아이템을 찾으라는 것이다. 자신이 하던 일에서 아이템을 찾으면 적어도 실패하지 않고 성공률을 높일 수 있기 때문이다. 다른 사람보다 자신 있는 사업 아이템을 누구에게 어떻게 팔 것인지를 정하면 그것이 바로 비즈니스다. 만약 현재 직장

을 다니면서 사업을 시작하기 위해 아이템을 찾고 있다면 반드시 실천해봐야 할 과제다.

S 사장이 사업을 시작할 때 반드시 따져보는 3가지 기본 원칙은 직장에서도 다양하게 적용해볼 수 있다. 보고서를 쓸 때는 누구에게, 무엇을, 어떤 채널로 보고할 것인지를 늘 따져봐야 한다. 거래처와 협의하는 단계에서도 마찬가지다. 상사가 던져준 질문에도 적용해볼 수 있다. 평소에 3가지 기본 원칙을 연습하다 보면 업무의 본질을 파악하는 능력을 키우게 되고 업무 시간이 줄어들어 효율적으로 일을 처리할 수 있다.

만약 업무를 진행할 때 어려움이 있다면 제대로 업무가 안 되는 이유보다 업무가 잘 되는 이유를 먼저 생각해보자. 어떤 일이든 가능하다는 전제하에서 연구해야만 창의적으로 생각할 수 있다. 약간 엉뚱한 아이디어라 할지라도 시작하기도 전부터 터무니없다고 생각하면 안 된다. 틈새시장은 평소 관심을 가지고 있던 아이템이나 분야를 생각하고 연구하는 단계에서 발견할 수 있다.

마켓컬리의 이슬아 대표 역시 본인의 음식에 대한 니즈 때문에 창업을 결심했다고 한다. 어린 시절부터 음식에 관심이 많았던 그녀는 굴지의 금융컨설팅 회사를 그만두고 창업을 했다. 평소에도 미쉐린 가이드에서 선정한 맛집에 가거나 와인을 즐겨 마셨던 이 대표는 '이 맛있는 음식을 나만 먹을 수 없다'는 생각에서 마켓컬리를 구상하게 됐다고 한다. 이렇게 모든 답은 가까운 곳에 있다. 내가 평소 좋아했던 것, 관심 있었던 것, 불편했던 것, 개선하고 싶은 것을 끊임없이 관찰하면 숨어 있는 시장이 보일 것이다. 나만의 시각으로 시장을 바라보는 연습을 하자. 어느 순간, 누구도 따라 할 수 없는 나만의 아이디어를 갖게 될 것이다.

생각을 숙성시킬 시간을 가져라

중요한 결정을 내릴 장소와 시간을 따로 정해두라

"걱정이란 내일의 검은 구름으로 오늘의 햇빛을 가리는 것이다. 걱정해도 소용없는 걱정으로부터 자신을 해방시켜라. 그것이 마음의 평화를 얻는 가장 가까운 길이다."

_데일 카네기

고민의 시간을 정하라

사업을 하든 직장생활을 하든 고민거리는 예기치 않게 생기기 마련이다. 대부분 고민에 빠져 있다 보면 시간만 지체되고 제대로 해결하지 못한 경험이 많을 것이다. 우리가 걱정하는 일의 90퍼센트는 실제로 일어나지 않는다. 실제로 많은 사람이 일어나지도 않는 일에 불안해하며 고민한다. 반면 성공한 사람들은 자신만의 방법으로 고민을 해결해나간다. 그 덕분에 남들과 달리 성공이라는 길에 더욱 빨리 안착한다. 과연 그들에겐 어떤 방법이 있는 것일까? 그 답을 S 사장에게 물어보았다.

S 사장은 고민이 생기면 고민할 시간을 정한다. 만약 5일 안에 해결해야 할 문제가 있다면 3일간은 머릿속에서 고민을 잊어버리는 것이다. 4일째 되는 날, 12시부터 4시까지로 고민 시간을 정해둔다. 오랜 시간 동안 고민을 해도 쉽게 해결되지 않는다면 다른 일에도 방해가 되고 몸과 마음도 지치기 때문이다. 고민의 중요도를 따져서 가끔은 일상을 벗어나 어디론가 떠나기도 한다. 그러다 보면 가끔은 어떤 행동을 취하지 않았는데도 자연스레 고민이 해결되기도 한다.

인생을 살다 보면 결정할 일이 너무 많다. 일주일 후에, 한 달 후에 벌어질 일을 미리 고민할 때도 있다. 심지어 절대로 일어나지 않을 일을 고민하기도 한다. 그 많은 것을 일일이 고민한다는 것은 시간 낭비다. S 사장도 결정 마감 기한을 정해두고 고민 시간을 정하는 편이다. 마감 기한을 정해두면 집중적으로 고민할 수 있고 판단도 정확해지기 때문이다. 작은 고민부터 적용해보면 효과적이라고 조언해주었다. 고민의 중요도에 따라 2시간짜리, 3시간짜리 고민으로 나누고 고민 시간을 정하는 것이다. 그러고서 3일 후 2시부터 4시, 5일 후 3시부터 6시 식으로 일정표에 메모한다. 만약 그 사이에 고민이 떠오르면 일정표를 확인해 "참! 이 고민은 일주일 후에 고민하기로 했지?"라고 생각해버리고는 다른 일에 집중한다. 그러면 시간을 효율적으로 관리할 수 있다.

부자들의 시간 관리 방법

보통 부자들이라고 하면 자산을 관리하는 법만 안다고 생각하기 쉽다. 부자들은 자산뿐만 아니라 시간을 관리하는 습관에도 익숙하다. 불경기에도 손해 보지 않는 투자 방식을 전파하는 제이원의《부자의 자세》에서도 걱정에 매몰되기보다 스스로 걱정을 통제하라고 조언한다. 특히 부자와 빈자의 차이는 걱정을 통제하는 능력의 차이에서 비롯된다고 말한다.

빌 게이츠 역시 일상 중에 생각하는 시간을 따로 정해둔다고 한다. 따로 생각하는 시간을 정해두면 그 시간을 정말 소중하게 활용할 수 있고, 잡념에 빠지는 것도 막을 수 있기 때문이다. 일어나지도 않을 고민 때문에 현재의 시간을 버리지 않기 위한 전략이다. 더구나 생각의 시간에 깊이 고민을 해보면, 대부분의 고민이 사실상 쓸데없는 것임을 깨닫게 된다.

지금 자신이 어떤 고민을 하고 있는지 생각해보자. 혹시 일을 하면서도 일에 집중하지 못하고 다른 생각을 하고 있는 것은 아닌지 점검해보자. 성과를 내지 못할까 봐 두려워 일이 손에 잡히지 않는다면 고민 시간을 따로 마련해 고민으로부터 벗어나야 한다. 심지어 앞으로 일어나지 않을 미래에 대한 걱정 때문에 휴식 시간이 되어도 제대로 쉬지 못하고 있다면 머릿속을 비우는 훈련을 해야 한다. 지금, 이 순간을 가장 소중히 여기는 사람이야말로 남들과는 다른 성공을 거머쥘 수 있다.

작고 소중한 꿈을 생각하는 습관

신체적 활동이나 취미 활동을 하면 효율적으로 고민을 하는 데 도움이 된다. 다른 활동에 깊게 빠지면 잠시라도 고민거리를 잊어버릴 수 있기 때문이다. 나만의 고민거리를 공론화해도 좋다. 주변 사람들에게 자신의 고민을 털어놓으면 그동안 생각지 못했던 객관적인 의견을 들어볼 수 있다. 물론 다른 사람의 의견을 참고하되 최종 결정은 자신이 해야 한다. 고민거리를 공론화할 용기가 없다면, 혼자서 적어봐도 좋다. 머릿속에 있던 고민을 막상 언어로 표현하면 생각했던 것보다 대단한 고민이 아니라는 것을 깨닫게 된다.

고민 시간을 정하는 것은 시간을 관리하는 습관과 맥을 같이한다.

시간을 관리하는 습관을 기르려면 현대인들은 우선 스마트폰을 내려놓아야 한다. 지하철을 타보면 사람들이 하나같이 스마트폰에서 눈을 떼지 못하고 있다. 끊임없이 누군가와 메시지를 주고받고 혹여 놓친 메시지가 있을까 싶어 들여다본다. 누가 시키기라도 한 듯 "너무 바빠요."라는 말을 입에 달고 다니며 온갖 바쁜 척을 한다. 그러고선 스마트폰으로 시선을 돌려 SNS에 올라온 다른 사람의 일상에 매일같이 '좋아요'를 누르느라 소중한 시간을 낭비하는 줄도 모른다.

미국의 아이젠하워 대통령이 사용했던 아이젠하워 법칙이라는 시간 관리법이 있다. 아이젠하워 법칙은 일을 긴급성과 중요성에 따라 4가지로 나누는 것이다. 긴급하고 중요한 일, 긴급하지만 중요하지 않은 일, 긴급하지 않지만 중요한 일, 긴급하지도 중요하지도 않은 일로 나누어 우선순위를 정한다. 긴급하고 중요한 일을 바로 처리해야 하지만 대부분 급한 일들은 긴급하지만 중요하지 않은 일들인 경우가 많다. 이런 경우 급한 일은 다른 사람에게 위임하고 자신은 중요한 일에 좀 더 많은 시간을 할애한다. 긴급하지 않지만 중요한 일을 많이 한 사람이 결국 성공한다.

또 아이젠하워 대통령은 THROW 법칙을 사용한 것으로도 유명하다. 우선 책상 옆에 네 개의 서랍을 두고 각각의 칸에 알파벳 T, H, R, O를 붙여 구분한다. T(throw away)에는 필요 없거나 더 진행할 의미가 없는 서류, H(hand over)는 나보다 더 적임자에게 넘겨줄 서류, R(right now)은 지금 당장 실행할 서류, O(order)에는 계획을 수립해 차례대로 실행할 서류를 넣는 것이다. 만약 자신이 해야 할 일이 너무 많거나 고민이 너무 많다면 네 개의 서랍을 만들어보자. 실제로 서랍을 만들어도 좋고, 컴퓨터 폴더로 만들어도 좋다. 마음 속에 만들어도 좋다.

S 사장은 미국 생활을 오래한 덕분에 평소 상황에 딱 맞는 영어 단어를 적절하게 잘 사용한다. 고민거리를 다루는 법에 대해 이야기하면서 그는 영어의 'well'이라는 단어를 강조했다. 그는 'well'이라는 단어와 가장 잘 어울리는 한국어로 '그게 말이죠'라는 표현을 꺼냈다. '그게 말이죠'라고 말하면서 한 걸음 물러나볼 필요가 있다는 말이다. 비즈니스에서든 일상생활에서든 균형을 잘 지키는 것이 중요하다. 이때 'well(그게 말이죠)'이라는 말을 꺼내면 잠시 쉬어갈 수 있다고 한다. 그만큼 여유를 가지고 다름을 인정하며 사는 것이 중요하다. 고민거리가 생겼을 때 잠시 쉬어가는 것도 마찬가지다.

물론 S 사장 역시 젊은 시절부터 이런 여유를 가질 수 있었던 것은 아니다. 젊은 시절에는 경험도 부족했고, IMF를 겪으며 경제적으로도 매우 힘들었다. 둘째 자녀까지 태어나면서 인생의 무게는 늘어나고 책임감이 앞섰다. "저녁이면 아파트 앞 놀이터에서 담배 한 대를 피웠어요. 그러곤 하늘을 보며 부자가 되는 꿈을 꿨죠. 하지만 그렇게 꿈을 꾸는 그 시간이 제일 좋았어요." 인생이 힘들 때 우리를 버틸 수 있게 해주는 것은 바로 이러한 작고 소중한 꿈이다. 소중한 내 꿈을 이루기 위해 시간을 허비할 것인가, 아니면 시간을 관리할 것인가? 다시는 잡을 수 없는 내 시간을 절대 놓치지 말아야 하지 않을까?

7 늘 위기에 대비하라

조심해야 할 때 조심해야 큰돈을 번다
잘될 때 조심하면 큰 손해를 피한다

"다른 사람이 욕심을 부릴 때 신중하라. 다른 사람이 두려워할 때 욕심부려라."

_워런 버핏

잘나갈 때 더욱 조심하는 명동 부자

명동 관광특구협회 회장을 맡고 있는 황동하 사장은 사업을 하면서 단 한 번의 위기도 없었다고 한다. 그럴수록 더욱 불안한 마음이 들어 항상 준비했다고 한다. 황 사장은 언젠가 책에서 읽은 문구 중 "아무리 붉은 꽃도 10일을 넘지 못한다."는 '화무십일홍(花無十日紅)'이라는 표현이 무척 마음에 와닿았다고 한다. 그리고 아무리 좋은 일도 꽃처럼 영원히 지속되지 않는다고 생각하며 매사에 임했다. 직원들이 밤새 니트 1만 3,000장을 팔았다며 새벽에 메시지를 보내와도 황 사장은 많이 파는 것보다 꾸준히 파는 것을 중요하게 생각했다.

오후 4시 무렵이 되면 명동은 골목에 세워두었던 리어카들이 줄을 지어 출근하는 풍경이 펼쳐진다. 리어카는 좁은 명동 골목길을 지나 각자의 자리를 찾아간다. 이곳에서 장사를 하는 젊은 사장들은 하루에 100만 원, 200만 원씩 팔 수 있는 노점을 쉽게 포기하지 못한다. 하지만 황 사장은 명동에서 노점을 하는 젊은이들에게 꼭 해주고 싶은 이야기가 있다고 했다. 지금 명동에서 아무리 잘된다고 해도 이곳에 안주하면 안 된다는 것이다. 명동이라는 최고의 상권을 경험해 보았다면 다른 사람에게 기회를 넘겨주고 더 큰 꿈을 꿀 줄 알아야 한다는 의미다.

한때 중국인 관광객들이 명동으로 찾아와 화장품을 엄청나게 구매했다. 중국 관광객들은 명동을 살리는 원동력이 되기도 했지만, 결국 명동을 죽이는 변수로도 작용했다. 사드 사태 이후 화장품 가게들이 줄어드는 매출 때문에 임차료를 감당할 수 없었다. 현재 명동에는 무려 186개의 화장품 매장이 있는데 이 수치라면 다 같이 매출 하락을 겪을 수밖에 없다. 황 사장은 화장품 매장이 50~80개 정도로 줄어야 한다고 말했다. 명동을 찾는 전체 관광객 중 85퍼센트

"오후 4시가 되면 명동은 골목에 세워두었던
리어카들이 줄을 지어 출근하는 풍경이 펼쳐집니다.
하지만 명동 부자들은 명동이라는 최고의 상권에서
잘나간다고 해서 안주하면 안 된다고 당부합니다.
또한 다른 사람에게 기회를 넘겨줄 줄도
알아야 한다고 조언합니다."

가 외국인이다 보니 화장품 매출로 편중되면서 어쩔 수 없는 상권 구성의 불균형을 바로잡기 위해서는 상권의 체질 변화가 반드시 필요하다는 것이다. 명동이 화장품으로 전성기를 이루었을 때 상권의 발전을 위해 미리 대비했어야 한다.

실제로 2016년 6월 사드 배치 발표 이후 명동의 관광객 수는 지속적으로 하락했다. 3년이 지나서야 명동을 찾는 방문객 수가 회복됐다. 매출 면에서는 70~80퍼센트 수준으로 회복됐다. 문제는 임차료가 10년 사이 두 배 정도 올라버렸다는 것이다. 아무리 중국 관광객들이 많이 찾는 화장품 가게라 해도 쉽사리 이윤을 창출해내기 어려운 환경이다. 여전히 명동을 찾는 방문객의 비율 면에서 외국인이 60퍼센트, 내국인이 40퍼센트 정도를 차지하고 있어 상권의 불균형이 지속되고 있다고 한다. 명동에도 한국의 소비자들이 즐길거리를 좀 더 개발하고 그들의 니즈를 수용하는 환경이 조성돼야 한다. 국내 소비자들은 명동에 즐비한 중저가의 183개 화장품 매장에서 화장품을 구입하지 않는다. 국내 소비자들도 명동을 찾아 소비생활을 할 수 있도록 다양한 상권이 마련되어야 한다. 명동의 상권 불균형은 잘될 때 잘되는 것에만 치중하고 미래를 대비하지 않은 결과 벌어진 위기 상황의 대표적인 사례다.

한국관광공사에서 조사한 결과에 따르면 2019년 한국을 다녀간 외국인 관광객의 숫자가 1,700만 명을 넘었다고 한다. 그중 85퍼센트의 관광객이 명동을 다녀갔다고 한다. 이럴 때일수록 관리를 잘해야 한다. 황 사장은 특히 명동이 다시 살아나는 움직임이 감지될 때 더욱 불안하다고 말한다. 관광객들이 언제까지나 명동을 찾을 거라는 여유를 버려야 한다. 명동의 상인들도 스스로 색다른 것을 보여주기 위해 끊임없이 고민해야 한다. 비단 명동뿐만 아니라 국내의 어느 상권이든 마찬가지다.

부자는 위기에 흔들리지 않는다

사업을 하든 투자를 하든 리스크를 관리할 줄 아는 사람이 실패를 줄일 수 있다. 명동이라는 검증된 상권에서 끊임없이 밀려드는 관광객만 믿다가는 생각지도 못한 변수에 타격을 입을 수 있다. 지금 당장 관광객이 늘어나고 있다는 희망적인 데이터만 믿고 도취되어 있다가는 어떤 대비책도 없이 리스크에 노출되고 말 것이다.

물론 명동 부자들은 항상 위험 관리를 했기에 장사를 하거나 임대사업을 하더라도 큰 위기에 유연하게 대처할 수 있었다. 여러 번의 실패를 딛고 사업이 궤도에 오른 명동 부자이든, 처음부터 큰 위기가 없었던 명동 부자이든 그들에게는 공통점이 있다. 항상 준비하기 때문에 예기치 않게 발생하는 위기에 크게 흔들리지 않았다는 것이다. 물론 크고 작은 변수들이 있었겠지만 사업을 흔들 만한 요소를 사전에 관리해온 덕분이다.

전성기라는 생각에 주의하라

위기를 잘 관리하려면 전성기라고 쉽사리 마음을 놓아선 안 된다. 사업이 잘될 때일수록 자신의 능력을 과신하지 말고 도약할 준비를 해야 한다. 전국시대 법가 사상을 집대성해 진나라의 천하 통일에 이론적 근거를 제시했던 사상가 한비자는 '국무상강무상약(國無常强無常弱)'이라는 유명한 말을 남겼다. "늘 강한 나라도 없고, 늘 약한 나라도 없다." 현실에 안주하면 강한 나라일지라도 무너질 것이고, 약한 나라라도 노력을 계속한다면 언젠가 강한 나라가 될 수 있다는 뜻이다. 현실에 안주하지 말고 노력하면 성공을 이룰 수 있지만, 자만심에 빠진 사람은 항상 좋은 결과를 보장받지 못한다.

회사원도 위기 관리 능력을 가져야 한다. 업무 능력을 인정받아 승승장구한다고 해서 주위를 돌아보지 않고 자만하다간 한순간에 추락하고 만다. 잘나갈 때일수록 더욱 나 자신을 돌봐야 한다. 업무 지식도 마찬가지다. 꾸준히 자기계발을 하지 않으면 경쟁자들이 어느 순간 바짝 뒤따라온다. 급변하는 세상에서 새로운 정보를 수용하지 않는다면 뒤처지는 것은 한순간이다. 변화에 적응하고 많은 정보를 수집하자.

18세기 중반에 시작된 산업혁명 이후 네 번째로 큰 변화를 맞이하게 된다는 4차 산업혁명 시대가 눈앞에 와 있다. 빅 데이터 분석과 인공지능, 사물 인터넷처럼 예전과는 차원이 다른 새로운 기술 중심의 혁신 시대가 다가오고 있다. 새로운 기술은 실생활에도 깊이 파고들어 빠른 변화를 주도하고 있다. 패스트푸드 음식점은 이미 키오스크를 활용한 자동 주문 시스템을 도입해 우리의 생활을 바꾸고 있다. 은행 역시 인터넷 뱅킹, 모바일 뱅킹에서 대부분의 업무를 처리할 수 있어 은행을 찾는 고객이 점점 줄어들고 있다. 이렇게 모든 산업 분야에서 변화가 이루어지는 시대를 살며 과거의 영광과 기술에 안주한다면 지금 내가 가진 것조차 지키기 힘들어진다. 잘될 때일수록 조심한다는 명동 부자의 충고를 마음속에 새기고 끊임없이 변화에 적응하도록 하자.

물건의 가격은 직접 판단하라

이 부동산, 이 물건이 아니면 안 된다는 생각을 버려야 큰돈을 벌 수 있다

"필요하면 결코 좋은 흥정을 할 수 없다."

_벤저민 프랭클린

소유효과의 노예들

어떤 물건을 소유하게 되면 우리는 자신이 가진 물건에 대한 가치를 높이 평가하며 애착을 갖게 된다. 미국의 행동경제학자 리처드 탈러는 사람들이 자신의 소유물을 과대평가하는 현상을 소유효과(endowment effect)라고 정의했다. 이러한 소유효과는 물건에 대한 가치관을 바꾸고, 자신이 소유한 물건의 가치를 높이 평가하게 만든다. 한 병에 5달러를 주고 산 포도주의 가격이 50달러가 됐음에도 팔지 않는 심리 상태나, 오래 소유한 물건에 특정한 가치를 부여하는 행위 등이 대표적이다.

소유효과는 기업의 마케팅 전략으로도 많이 활용된다. '사용해보고 살지 말지 결정하세요', '1개월 무료 체험', '한번 입어보세요', '한번 발라보세요'와 같은 광고 문구들이 소유효과를 활용한 마케팅 기법들이다. 기업은 소비자들이 제품을 한번 사용해보거나 서비스를 체험해보면 소유효과가 발생해 대부분 재구매로 이어진다는 것을 이미 알고 있다. 이는 자신이 소유하던 물건을 잃어버리면 두 배 이상의 손실로 평가하는 손실 회피 편향의 지배를 받기 때문이다.

어릴 때 보던 책을 소중하게 보관하는 친구들을 종종 볼 수 있다. 그들의 특징은 절대 그 책을 버리지 못한다는 것이다. 부모님께 받은 유품, 연인이 선물했던 물건도 모두 버리지 못할 소중한 추억들이다. 물론 추억은 소중하다. 하지만 그중에는 꼭 간직해야 할 필요가 없는 물건도 한두 개씩 포함되어 있다. 평생 간직할 것처럼 보관하다가도 어느 날 문득 물건들을 버리고 나면 자신이 왜 그토록 집착했을까 하는 생각이 들기도 한다. 부자가 되려면 이처럼 소유하고자 하는 심리도 효율적으로 관리할 수 있어야 한다.

내가 살 곳, 내 가족이 살 곳이라는 실수요 심리도 따지고 보면 아무리 비싼 가격을 주더라도 사야만 만족하는 소유효과에 휩싸인 것이다. 명동 부자들 역시 내 가족이 살 집이라는 생각에 비싸게 집을

산 적이 있다고 고백했다. 이 물건이 아니면 안 된다고 생각하는 순간 비싼 가격은 눈에 들어오지 않는다. 소유효과에 휘둘리게 되면 제값은 의미가 없어진다. 비싸게 사거나, 싸게 팔 확률도 높아진다. 무엇을 사거나 팔 때 눈앞에 있는 그것이 일생일대의 마지막 기회라고 생각하면 반드시 실패한다.

명동 부자들은 소유효과에 쉽게 흔들리지 않는 법을 알고 있었다. 그들은 주변에서 아무리 가격에 대해 조언을 해도 최종적인 가격은 결국 본인이 결정한다. 경매가격을 써낼 때에도 남들이 절대 불가능하다고 생각하는 가격을 과감하게 제시한다. 예를 들어 200억 원짜리 건물을 사려고 한다. 하지만 명동 부자는 100억 원 이상의 가치가 없다고 판단했다. 그러면 남들이 아무리 200억 원을 써내야 한다고 해도 명동 부자는 100억 원을 써낸다. 만약 낙찰이 되지 않아도 상관없다. 경매에 나온 물건을 낙찰받지 못해도 더 좋은 다른 물건을 사면 되기 때문이다. 남들이 제시하는 가격에 휘둘린다면 자신이 원하지도 않은 가격에 물건을 사게 될 뿐이다.

독일의 스타 경제학자 하노 벡은 《부자들의 생각법》을 통해 소유효과의 위험성에 대해 경고한다. 소유효과가 위험한 이유는 자신이 처분해야 하는 것을 제때 처분하지 못하기 때문이다. 자신이 살던 집에 애착을 가지게 되면 집을 살 때보다 시세가 떨어져도 집을 팔지 않으려고 한다. 또 주식을 사들였을 때의 가격보다 주가가 떨어져도 주식의 가치가 다시 오를 것이라 생각해 끝까지 붙들고 있다. 이처럼 소유효과는 우리의 이성을 마비시키는 매우 위험한 심리 현상이다.

소유효과를 역이용하기

소유효과가 항상 부작용만 있는 것은 아니다. 예를 들어 누구나 내 집을 갖기 위한 부동산 투자를 중요하게 여긴다. S 사장도 가장 확실하고 똑똑한 재테크는 내 집을 갖는 것이라고 말한다. 특히 누구나 인정할 만한 투자가치가 있는 지역에 집을 마련해야 한다고 강조한다. "저는 평소 대단한 수익률을 주는 투자상품이 아니더라도 골고루 분산하는 편이에요. 그중에서도 강남처럼 좋은 지역에 자기 집 한 채를 갖는 것은 투자의 기본이자 진리라고 생각하죠." 주거 공간은 누구에게나 필요한 공간이다. 투자의 대상인 동시에 소비재이기도 하다. 내 집을 마련하게 되면 보유하는 동안 가격 상승의 효과도 노려볼 수 있으므로 더욱 중요하다. 중산층이라면 반드시 한번은 고려하게 되는 재테크의 기본이다.

자기 집을 소유하지 않았을 때 발생하는 기회비용이 너무 크다는 것도 내 집 마련이 필요한 이유 중 하나다. 전세로 거주하면 막대한 비용을 바닥에 깔고 있는 셈이어서 어떤 투자에도 쉽게 나설 수 없다. 부동산 가격 상승 효과도 누릴 수 없다. 월세를 내야 하는 상황이라면 매월 소요비용이 누적되므로 현재 보유하고 있는 자산도 결국 없어지는 돈이나 마찬가지다. 게다가 임차 만기가 되면 집을 옮겨 다녀야 하는 불편함까지 감수해야 한다. 그러니 소유효과를 잘 활용해 똑똑한 내 집 한 채를 보유하는 것이 가장 현명한 재테크다.

소유와 공유를 적절히 활용하라

소유효과를 잘 이용하면 부자가 되는 습관을 만들 수 있다. 먼저 자신의 주변에 필요 없는 물건을 버리는 것부터 시작해보자. 당장 책상 서랍만 열어봐도 평소 자주 쓰지도 않으면서 한 구석을 차지하고 있는 물건들이 가득할 것이다. 냉장고도 열어보자. 유통기한이 임박한 음식이나 이미 기한을 경과한 음식이 분명 하나둘 정도 보관되어 있을 것이다. 최근에는 불필요한 것을 제거하고 사물의 본질만 남긴다는 미니멀리즘도 유행하고 있다. 미니멀리즘까지는 아니더라도 나의 공간 또는 나의 마음속에 자리 잡고 있던 쓸데없는 물건이나 생각들을 하나씩 꺼내어보자. 오늘도 서랍 한 칸, 내일도 서랍 한 칸 차근차근 시작하면 된다. 이렇게 사소한 습관이 모이면 큰 물건에 대한 소유효과도 관리할 수 있다. 또 물건을 구입할 때 순간적인 감정에 휘둘리지 않고 객관적인 판단을 하는 데 많은 도움이 된다.

구매를 결정할 때는 시간을 두고 정하자. 무엇보다 심리적 요인을 경계해야 한다. 필요하지 않은 물건을 사거나 필요한 물건을 높은 가격에 사도록 만드는 심리로부터 자유로워져야 한다. 지금 사지 않으면 손해를 볼지 모른다는 마음에 휘둘리면 안 된다. 백화점에서 내가 보고 있던 물건을 옆 사람이 집어 들려고 하면 급한 마음에 "제가 살 거예요."라고 했던 경험이 한 번씩은 있을 것이다. 돌이켜보면 그 순간 소유하고 싶다는 생각에 휩쓸려 무작정 사고 나서 후회하는 경우가 많다. 물건을 구매할 때 나만의 원칙을 한두 가지 정해두는 것이 좋다. 예를 들면 의사결정을 할 때 항상 하루의 시간을 두고 다시 생각해보는 것처럼 말이다.

마지막으로 소유와 공유를 구분해 활용하자. 여기서 공유란 소유라는 근본적인 욕망을 뺀 개념을 말한다. 소유효과를 완전히 제거하고 이성적인 부분으로만 생각하는 것이다. S 사장은 요즘 젊은 층이 집이나 차를 사지 않고 공유하는 사회 현상에 대해 관심이 많다. 아무리 삶의 형태가 달라져도 변하지 않는 것은 있다고 말한다. 단지 소유를 하지 않을 뿐이지 집이 필요 없거나 차가 필요 없는 것은 아니라는 점이다. 그러면서 소유와 공유를 적절히 활용할 수 있는 지혜를 겸비해야 한다고 강조한다.

S 사장은 쉬운 예로 설명했다. 집 근처 마트에 갈 때나 주말에 가족들과 외식하러 갈 때 차를 공유하지는 않는다. 대체로 가까운 지역 이동을 할 때는 자신이 소유한 차량을 이용한다. 하지만 도심으로 출퇴근을 하거나 공항처럼 원거리로 이동할 때는 공유 시스템을 이용한다. 실제로 출근길 차량을 공유하는 서비스나 공항 픽업 공유 서비스는 이미 상당히 대중화가 됐다.

공유의 대상은 사용 빈도가 낮거나 사용 시간이 적은 자산에 해당한다. 따라서 소유와 공유의 경계선을 잘 구분해 합리적인 결정을 할 수 있는 지혜가 필요하다. 작게는 일상생활의 물건부터 시작해 부동산과 같은 큰 물건까지 소유와 공유의 개념으로 구분해보면 합리적이고 객관적인 판단을 하는 데 많은 도움이 될 것이다. 이러한 습관은 어느 날 갑자기 내 몸에 익숙해지는 것이 아니다. 작은 것에서부터 지속해서 훈련해야 한다.

9 말로만 분산 투자하지 마라

부동산, 주식투자, 저축을 전부 원화로 투자하면
계란을 한 바구니에 담은 것이다

"3분의 1은 주머니에, 3분의 1은 집에, 3분의 1은 가게에 투자하라."

_〈탈무드〉

분산 투자를 하지 않아 연금을 날린 엔론 사태

2001년 미국 사회뿐만 아니라 전 세계를 충격으로 몰아넣은 '엔론 사태'가 터졌다. 대규모 회계 부정 사건의 주인공인 엔론은 미국이 7대 기업 중 하나일 뿐만 아니라 〈포춘〉에서 6년 연속 미국의 가장 혁신적인 기업으로 선정한 회사다. 에너지, 물류, 서비스 회사로 2001년 12월 파산 전까지 2만 명의 직원을 거느리며 2000년 당시 매출 1,110억 달러를 달성하기도 했다. 하지만 엔론의 분식 회계 사태로 직원들은 하루아침에 직장을 잃고 말았다. 그들의 노후 자금도 송두리째 날아갔다.

엔론 직원의 대다수가 401K(미국의 퇴직연금제도)를 이용해 우리 사주 형태로 엔론에 투자했다. 그런데 분식회계로 엔론이 몰락하며 주가가 폭락하자 회사가 401K에 들어 있던 주식 처분을 봉쇄했다. 평생 저축한 수십만 달러가 하루아침에 휴지조각이 되어버린 것이다. 약 2000년 전에 쓰여진 〈탈무드〉에 의하면 유대인들은 3분의 1은 주머니에, 3분의 1은 집에, 3분의 1은 가게에 투자한다는 법칙을 가지고 있었다고 한다. 엔론 직원들이 퇴직금에 유대인의 3분의 1 법칙만 잘 적용했어도 휴지조각까지 될 리는 없었다.

원화 자산 리스크

분산 투자의 원칙에서 가장 기본이 되는 원칙은 계란을 한 바구니에 담지 말라는 것이다. 계란 바구니를 떨어뜨리면 모든 계란이 깨질 수밖에 없다. 여러 바구니에 나누어 담으면 위험을 분산할 수 있다는 단순한 지혜에서 비롯한 원칙이다. 그래서 보통 투자를 할 때 주식이라는 바구니, 채권이라는 바구니, 부동산이라는 바구니에 나누어 담는다. 이렇게 분산해 담은 바구니들을 조금 유식한 말로 포트폴리오라고 부른다. 포트폴리오는 노벨경제학상을 받은 미국의 경제학자 해리 마코위츠에 의해 체계화된 이론으로, 자산을 분산 투자해 포트폴리오를 만들면 분산 투자 전보다 위험을 감소시킬 수 있다는 원리다.

가장 기본이 되는 포트폴리오는 무엇일까? 예금, 채권, 주식, 부동산이라는 바구니에 각각 분산 투자한 투자가가 있다고 생각해보자. 그는 자신의 자산을 4개의 바구니에 나눠 담았으니 확실한 분산투자라고 생각했다. 하지만 이것은 하나의 바구니에 불과했다. 모든 자산의 가치가 원화였기 때문이다. 무역으로 성공한 임대운 사장이 포트폴리오를 짤 때 고려하는 가장 큰 리스크가 바로 원화 자산이다.

임 사장은 지구촌을 하나의 큰 주식회사와 같은 개념으로 생각한다. 그는 한국에서만 사업을 하면 글로벌 감각이 떨어지기 쉽다고 한다. 큰 감각으로 투자를 하는 습관이 필요하다는 것이다. 또한 원화는 선진국 통화가 아니므로 변동성이 높은 자산 중 하나라고 설명한다. 원화는 외부 요인에 따라 가치가 쉽게 흔들릴 수 있기 때문에 자산을 원화로만 구성하면 큰 리스크를 지닌 것이나 마찬가지라는 것이다.

부동산 역시 글로벌한 시각으로 바라볼 필요가 있다. 명동의 공시지가는 매년 전국 최고가를 경신한다. 우리나라에서 공시지가가 가장 낮은 산청과 명동을 비교하는 보도기사는 더 이상 의미가 없다. 물론 극과 극을 보여주기 위한 목적에는 이견이 없다. 그보다 명동은 글로벌한 도시와 경쟁해야 한다. 도쿄, 싱가포르, 상하이, 홍콩의 부동산과 견주어야 한다. 부동산 역시 세계의 부동산을 바라보는 시각에서 접근해야 하며 우물 안 개구리처럼 국내 상권끼리 비교하면 더 나은 성장을 기대할 수 없다.

부자들의 포트폴리오에는 기축 통화인 달러와 골드바는 물론, 해외 부동산 등 다양한 투자 방법이 담겨 있다. 특히 신흥국에서 사업을 하는 부자는 자국 통화를 그다지 신뢰하지 않는다. 자연히 달러와 금에 대한 선호도가 높은 편이다. 최근 국내에서도 리디노미네이션(redenomination, 화폐 단위 축소)이 주목을 받으면서 달러와 골드바 매수가 적극적으로 이루어졌던 것도 이런 맥락에서 볼 수 있다.

리디노미네이션이란 한 나라에서 통용되는 화폐의 액면가를 동일한 비율의 낮은 숫자로 조정하는 것이다. 주로 화폐의 인플레이션이 크게 일어나는 국가에서 여러 불편이 발생하는 문제점을 해결하기 위해 도입되는 조치다. 화폐 가치가 안정적인 선진국보다는 경제발전의 영향으로 물가상승이 크게 일어나는 후진국이나 개발도상국에서 흔히 볼 수 있다.

예를 들어 1,000원이라고 표기하던 것을 1원이라고 표기하는 식이다. 실제로 요즘 커피숍에 가보면 이미 메뉴판에 3,000원짜리 아메리카노를 3.0, 3,500원짜리 카페라테를 3.5라고 적는 것을 심심찮게 볼 수 있다.

특히 현금을 다량으로 확보하고 있는 고액 자산가들을 중심으로 리디노미네이션 시행 여부는 뜨거운 뉴스였다. 금융당국에서는 후폭풍을 견제해 당장 리디노메이션을 하지는 않을 것이라고 했지만, 금융권에서는 이미 파도가 휩쓸고 간 뒤였다. 모든 부자들이 환율의 움직임에 항상 관심을 기울이고 투자에 있어 많은 공을 기울이는 것도 비슷한 까닭이다. 요즘처럼 미중 간 무역전쟁이 한창인 시기에 원화 가치가 급락하는 것을 보면 더 설명할 필요도 없을 것 같다.

총자산 500억 원 이상, 연 수입 50억 원 이상의 자산가에게만 집사 서비스를 제공하는 버틀러 & 컨시어지 주식회사의 대표이사 아라이 나오유키가 고액 자산가들을 24시간 직접 수행하며 배운 그들의 습관 역시 "불에 타는 것에는 투자하지 않는다."는 것이었다. 어떤 상황에서도 가치가 변하지 않는 것을 투자 상품으로 삼아야 한다는 원칙을 다시금 상기할 필요가 있다.

가치가 변하는 것에 투자하지 마라

특히 분산 투자하는 습관을 들이면 자산관리의 전문가가 될 수 있다. 가장 기본이 되는 원칙은 돌다리도 두들겨보고 가는 것이다. 은행 창구에서 만나는 고객들 중 자산가일수록 상품을 꼼꼼히 분석하는 것을 발견한다. 은행에서는 정기예금뿐만 아니라 단기사채, 채권, 파생결합증권, 펀드, 보험상품에 이르기까지 다양한 상품을 판매하고 있다. 부자들은 자신의 자금 스케줄과 성향에 맞는 상품을 정하고 위험 요소를 꼼꼼히 따진다. 투자의 책임은 결국 판단한 사람에게 있다는 것을 누구보다 잘 알기 때문이다. 상품이 불에 타는지 안 타는지까지 확인하면서 투자할 수는 없겠지만 상품에 대한 지속적인 관심과 위험 요소 확인은 부자의 기본 습관이다.

직장인도 포트폴리오를 구성할 필요가 있다. 자금을 예치하러 은행에 오는 고객 중 80퍼센트 정도는 원금이 보장되면 좋겠다는 말을 꺼낸다. 하지만 은행에서 가입하는 상품일지라도 원금을 보장하는 상품은 예·적금 이외에는 거의 없다. 매년 물가가 2퍼센트 이상 상승하는데 원금이 보장된다는 이유로 2퍼센트도 안 되는 정기예금에 가입했다고 해보자. 안전한 자산에 가입했다고 생각하겠지만 사실상 마이너스 수익이다. 예금이자가 물가상승률을 좇아가지 못하기 때문이다. 급여소득자에게도 포트폴리오가 필요하다. 모든 자산을 투자 상품에 운용하지 않더라도 정기예금과 투자상품을 7:3이나 8:2의 비율로 구성해 자신의 투자 성향에 맞는 포트폴리오를 꾸려야 한다.

부자와 마찬가지로 환율에도 관심을 기울여야 한다. 주식과 환율은 대체로 반대로 움직이는 경향이 있다. 내 바구니에 주식을 담았다면 달러 자산을 함께 보유하면 좋다. 보통 주식시장이 하락할 때 환율이 상승하므로 달러 자산의 가치가 상승하는 효과를 볼 수 있기 때문이다. 게다가 달러 자산 역시 다양한 상품으로 운용할 수 있다. 다양한 기간의 정기예금부터 RP(환매조건부채권), DLB(기타파생결합사채), 파생결합증권까지 환차익과 수익률이라는 두 마리 토끼를 함께 잡을 수 있다.

은행을 꼭 방문하지 않더라도 금융회사 앱을 적극적으로 활용하면 나에게 맞는 포트폴리오를 짜볼 수 있다. 단 몇 번의 클릭만으로도 자신의 투자 성향에 맞는 상품 구성이 가능하다. 요즘은 은퇴하는 시기가 앞당겨지는 추세와 맞물려 퇴직연금 수익률에 대한 관심이 높다.

퇴직연금에 편입되는 상품으로 TDF(Target Date Fund)가 인기다. TDF란 은퇴 시점에 맞춰 운용사가 자동으로 비중을 조절해주는 상품이다. 젊을 때는 주식형 펀드 비율을 높이고 은퇴 시점이 다가올수록 채권이나 안전자산 비중을 높여준다. 예를 들어 TDF 2035

라는 상품은 고객의 은퇴 시기(target date)를 2035년에 맞춰 포트폴리오를 구성한다. 이런 정보들을 직장인들에게 일러주기 위해 은행으로 상담을 받으러 나와달라고 전화를 하면 "바빠서요"라고 대답하는 사람이 대다수다. 하지만 바쁜 일상보다 나의 미래가 더욱 중요하다는 점을 결코 잊어서는 안 된다.

제3장

세상에 타고나는 부자는 없다

: 명동 부자들이 말하는 부의 기본 공식 :

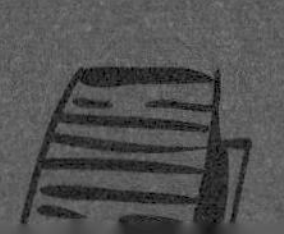

1 부자는 허울뿐인 워라밸을 경계한다

"한 번쯤은 자기 인생에 승부를 걸어야 해요. 기회가 왔을 때 자신의 능력을 보여줘야 하는데 매일 워라밸을 지키기만 하면 어떻게 꿈을 이루겠어요? 어떤 순간에는 회사를 정말 사랑하고 일을 좋아해야 해요. 고 정주영 회장도 아침마다 가슴 설레는 마음을 가지고 일어난다고 하셨는데, 우리에게도 그런 마음이 있어야 해요."

_명동 부자 김병희 사장

워라밸의 진짜 의미

흔히 얘기하는 백만장자(millionaire)란 1719년 미국의 금융가 스티브 펜티먼이 만든 말이다. 당시 기준으로 총자산에서 총부채를 제한 순자산이 100만 달러(원화 약 10억 원)인 부자를 의미했다. 수백 년이나 지난 지금은 백만장자란 돈의 액수보다는 부자를 상징하는 의미로 바뀌었다고 할 수 있다.

간혹 10억 원만 있으면 다니던 회사를 그만두겠다는 사람들을 보곤 한다. 10억 원의 돈으로 연이율 2퍼센트를 주는 정기예금에 가입했다고 가정하자. 그러면 매년 2,000만 원의 이자를 얻고, 15.4퍼센트의 세금을 원천징수하고 나면 연 16,920,000원이라는 이자가 최종적으로 예금주에게 주어진다. 한 달 이자는 1,410,000원이다.

큰돈을 예치해두면 이자 수익이 생긴다는 것을 모르는 사람은 없다. 살다 보면 목돈을 사용해야 할 일이 생겨 원금이 줄고, 원금이 줄면 매월 받는 이자도 줄어든다. 더구나 우리의 바람과는 달리 물가는 매년 상승한다. 2019년 최저 임금이 월 1,745,150원인 것을 고려하면 안타깝게도 10억 원이라는 현금 자산만으로도 걱정 없이 살 수가 없는 세상이다.

구체적인 자금 계산과 인생 계획을 세워보지 않고 착각에 빠져 워라밸을 즐기겠노라 하는 사람들에게 명동 부자들이 일침을 놓았다. 그들은 입을 모아 "워라밸은 100퍼센트 거짓말이다."라고 말한다. 1970년대 후반 개인의 업무와 사생활 간의 균형을 나타내는 단어인 '일과 삶의 균형(work-life balance)'이라는 말이 영국에서 처음 등장했고, 최근 들어 워라밸이란 용어로 새롭게 등장해 사람들의 주목을 받고 있다. 서울대 생활과학연구소 소비트렌드분석센터와 소비자학과 김난도 교수가 공동으로 쓴 《트렌드 코리아 2018》에서 트렌드 키워드로 언급하면서 유행어가 되기도 했다.

워라밸은 일과 삶의 균형이라는 단순한 의미에 각자가 바라는 희망이 뒤섞이면서 새로운 라이프스타일을 나타내는 말로 변화했다. 특히, 1988년생 이후부터 1994년생까지의 세대를 대표하는 특징을 그대로 담고 있다고 한다. 완벽함보다 불완전함을 온전히 수용하고, 매사에 긍정적인 태도로 자기애를 높이는 데 집중하고, 돈을 많이 벌기보다 스트레스를 덜 받는 것을 원하는 사람들의 가치관이라 할 수 있다. 또 회사에 얽매이지 않고 퇴근 후 누리는 개인의 시간을 소중히 여기는 특징도 있다고 한다.

평생에 한 번쯤 노력을 진하게 해야만 인생의 기회가 온다

워라밸이 나 자신의 성장과 여가의 활용에 포커스가 맞추어져 있는 만큼 그 자체로는 긍정적이다. 실제 워라밸 세대는 자기계발에도 적극적인 태도를 갖고 있다. 단 종종 워라밸을 단순히 여가생활을 누리는 라이프스타일로만 생각하는 사람들에 대해 명동 부자들은 경고한다. 내적·외적 성장 없는 단순한 워라밸 활동은 피해야 하며, 워라밸을 지키더라도 인생에 한 번쯤 몰입하는 과정이 필요하다는 이야기를 해주고 싶은 것이다.

"처음부터 누릴 수 있는 워라밸은 없다. 인생에 승부를 걸어야 할 때가 있다." 명동 화장품 업계의 신화 김병희 사장이 종종 직원들에게 하는 말이다. 일을 할 때에는 돈을 벌겠다는 생각 외에도 자기 일에 온전히 몰입하려는 의지가 있어야 한다. 자신이 속한 분야에서 다른 누구보다 뛰어난 달인이 되라는 말이다. 몰입이란 밥을 먹고 잠을 자고 쉬는 시간 이외에는 그것만 생각하며 터득하는 행위다. 만약 성공하리라는 예감이 왔을 때에는 과감하게 투자해야 한다. 그런 과정을 거치다 보면 돈은 자연스레 옆에 와 있을 거라고 명동 부자들은 말한다.

김병희 사장은 몰입에 대해 수차례 강조하며 젊은이들이 그러한 과정을 한 번쯤은 거쳐나가기를 권했다. 그 역시 몰입의 시간을 보낸 덕분에 성공할 수 있었다. 그는 30대든 40대든 승부를 걸어야 할 때는 최대한 몰입을 하라고 조언한다. 다른 사람에게 보이지 않는 것을 발견할 때까지 노력하면 지금보다 한 단계 도약하고 성과를 낼 수 있다. 평생 이런 과정을 거쳐야 하는 것은 아니다. 적어도 젊었을 때 인생에 승부를 걸고 몰입을 해보라는 것이다.

맹시환 사장은 요즘 유행하는 워라밸에 대해 일침을 놓았다. "워라밸은 거짓말이에요. 인생을 길게 봤을 때 처음부터 워라밸을 누릴

"밀레니얼 세대들은
역사상 부모 세대보다 가난한 첫 세대라고 합니다.
그만큼 요즘은 쉽게 부를 창출할 수 없다는 생각에
너도나도 목표치를 낮추고 인생을 즐기기만 하려는
것 같아요. 시대의 흐름이 바뀌는 것을
너무 부정적으로만 생각해서는 안 됩니다."

수는 없는 것이죠. 일에서 성과를 얻은 뒤에 인생을 누릴 수 있는 것이지, 처음부터 여유를 가질 수는 없어요. 돈을 벌 수 있을 때 집중해서 벌어야 합니다. 선택과 집중을 해야 해요. 단순히 돈을 더 벌겠다는 목적 때문이 아니에요. 돈을 벌고 나면 그때는 돈과 시간을 바꿀 수 있어요."

맹 사장은 이미 돈과 시간을 바꿀 수 있는 시기에 돌입했다고 한다. 정작 그의 하루를 엿보고 있으면 여전히 워라밸이 없는 사람처럼 열심히 살아간다. 매일 아침 대중교통으로 출근하고 사대문 안에 있는 여러 매장을 매일같이 돌아다니며 현장을 파악한다. 그것이 곧 자신의 일이자, 운동이라고 여기고 있었다. 더운 여름에는 뙤약볕에서 너무 돌아다닌 바람에 온몸이 새까매졌기에 "맹 사장님, 선크림이라도 바르시죠."라고 권했지만, 손사래를 치며 매장으로 발걸음을 향했다.

명동관광특구협회 회장인 황동하 사장 역시 젊은 시절 밤낮 가리지 않고 일했다. 오더를 맞추기 위해 휴일도 없이 일한 날이 부지기수였다고 한다. 최근에는 예전과는 다른 마인드를 갖게 됐다고 한다. 이제는 시대가 달라져 모든 것이 바뀌고 있기 때문이란다. 그가 한창 열심히 일하던 젊은 시절에는 모든 작업을 문서화해야 했고, 제자리에 앉아 일해야 했고, 밤낮없이 현장에도 달려가야 했다. 요즘에는 노트북 하나면 어디서든 업무가 가능하고 돈도 벌 수 있다.

또 예전에는 몸으로 때우기만 해도 돈을 벌 수 있었지만, 요즘은 단순한 노무직으로는 돈을 모으는 데 한계가 있다. 자유롭게 컴퓨터를 활용하면 과거에 열흘씩 걸리던 일도 한 시간에 해결해내듯, 기술을 적절히 활용하면 업무의 성과를 극대화할 수 있는 시대이기 때문이다.

명동 부자들은 시대가 바뀐 만큼 기성세대는 자기의 의견만 무조건 주장해도 안 되고, 젊은이들 역시 본인의 스타일만 고집하지 말고 조화롭게 결정하는 현명함이 필요하다고 충고했다. 황 사장이 젊었던 시절에는 풍요롭지는 못해도 노력만 하면 창출할 기회가 많았다. 지금 한국의 밀레니얼 세대들은 역사상 부모 세대보다 가난한 첫 세대라고 한다. 그만큼 요즘은 쉽게 부를 창출할 수 없다는 생각에 너도나도 목표치를 낮추고 인생을 즐기기만 하려는 것 같다. 시대의 흐름이 바뀌는 것을 너무 부정적으로만 생각해서는 안 된다. 인생을 멋지게 살아보자는 것이다. 한 번쯤은 내 인생의 목표를 향해 몰입하는 것, 돈을 떠나 젊은 시절 한 번쯤은 꿈꾸어보자는 거다.

진정한 워라밸을 즐길 수 있는 방법

어떻게 하면 워라밸을 효과적으로 누릴 수 있을까? 첫째, 워라밸을 지키면서 자기가 진짜로 좋아하고 즐길 수 있는 대상을 찾자. 업무와 연관성이 있는 취미라면 좋겠지만 꼭 그렇지 않아도 상관없다. 일상생활을 열심히 유지할 수 있는 동기를 주고, 꿈을 이룰 수 있는 발판까지 된다면 금상첨화다. 누구나 자신이 좋아하는 일을 10년간 지속하면 그 분야의 전문가가 된다고 한다. 자신이 하던 일, 자신이 좋아하는 일을 다른 시각으로 바라보라고 한 S 사장, 자신이 좋아하는 것에 용기를 더하면 좋은 사업 아이템을 만들 수 있다는 맹 사장의 조언과도 일맥상통한다.

워라밸을 잘 유지하기 위해서는 삶의 시간표를 잘 구성해야 한다. 무슨 일이 있어도 자신은 워라밸을 즐기겠다면서, 자신이 하는 일을 비롯해 가족과 생활을 소홀히 해서는 안 된다. 시간 계획표를 잘 세워서 하루를, 한 달을, 일 년을 효과적으로 활용해야 한다. 일에 집중해야 하는 시간에는 일에 집중하고 가족에게 집중해야 할 시간에는 가족에게 집중하자. 그리고 시간 계획표에 따라 내가 좋아하는 일을 하는 시간에는 최선을 다해 그 일에 집중하자. 시간을 효율적으로 알맞게 잘 배분할 줄 알아야 한다.

마지막으로 자기 분수에 맞는 워라밸을 즐겨야 한다. 주 52시간제가 도입되면서 요즘 직장인들은 여가생활을 즐기기에 너무 좋은 여건을 누리고 있다. 경험의 가치를 중요하게 생각하고 워라밸을 즐기는 것은 중요하다. 특히 여러 가지 경험을 해볼 수 있는 시간적 여유가 많이 늘어난 것은 매우 긍정적이다. 하지만 모든 것이 그렇듯 자기 분수에 맞아야 한다. 나의 취미 생활을 위해 생활비의 많은 부분을 소모해야 하거나, 단순히 남에게 과시하기 위해 물건을 구매하는 행위는 지양해야 한다. 경험에는 돈을 아끼지 말라고 하지만 나의 예산에 맞는 합리적인 워라밸을 즐겨야 한다.

2 부자는 위기 뒤의 기회를 놓치지 않는다

"중국인은 위기를 두 글자로 씁니다. 첫 글자는 위험의 의미이고 두 번째 글자는 기회의 의미입니다. 위기 속에서는 위험을 경계해야 하지만 기회가 있음을 명심하십시오."

_존 F. 케네디

IMF의 위기를 기회로 삼은 명동 부자

—

IMF 사태가 발생하자, 이전까지 약 100억 원에 이르던 건물이 40~50억 원 상당의 매물로 나오기 시작했다. 부도 위기에 처한 대기업들이 명동 건물을 저가로 내놓았기 때문이다. 명동에서 매물로 나온 건물들은 하루 정도면 바로바로 팔렸다. 금강, 엘칸토 같은 대기업이 내놓은 건물은 그동안 꾸준히 자금을 준비해온 명동 부자들의 몫이었다. IMF를 계기로 명동 건물의 40퍼센트 이상이 개인으로 명의가 바뀌었다.

김병희 사장 역시 명동에서 사들인 첫 건물이 IMF 시절에 경매로 낙찰을 받은 건물이다. 무엇보다 건물의 자리가 굉장히 좋았다. 당시 경매에는 5명이 참여했다. 건물의 경매 제시가는 30억 원 정도였고, 최종 경매가 약 40억 원에 낙찰됐다. 김 사장은 경매 경험도 없었고 경매에 대한 지식도 전무했다. 경매에 참여하기로 마음먹은 날, 경매와 관련된 책을 두 권 사서 집으로 바로 돌아와 정독했다. 그제야 경매가 무엇인지 알게 됐다고 한다.

경매에서 2등은 의미가 없다. 반드시 낙찰을 받겠노라 다짐하고 과감하게 가격을 제시했다. 김 사장이 밀어붙인 덕분에 현금 자산이 훨씬 많았던 경쟁자를 제치고 명동에서의 첫 건물을 낙찰받았다. IMF라는 큰 위기 속에서 과감한 결정을 내리기란 쉽지 않다. 그래서 위기 속에서 잡는 기회가 더욱 빛을 발하는 것이다.

조귀현 사장 역시 위기의 순간을 기회로 잡았다. 의류사업이 잘되어가던 중 큰 시련을 겪었다. 한창 영업을 하고 있던 매장에 대한 매매계약이 진행 중이니 가게를 비워달라는 통보를 건물주로부터 받았다. 건물주가 자금 사정을 견디지 못하고 일방적으로 매매를 진행하고 있었던 것이다. 지금은 임차인을 보호하는 여러 제도가 있지만, 당시에는 백방으로 수소문해도 임차인에게 불리한 조건이라는 것을 확인할 뿐이었다. 당장 가게를 빼줘야 하는 상황이 벌어지게 되었고 임차 중인 상가건물은 결국 다른 사람에게 매매됐다.

그날 조 사장은 소주 다섯 병을 비웠다. 하지만 이대로 있을 수 없다는 생각에 이내 정신을 차렸다. 그 일을 계기로 명동에 있는 다른 건물을 사들였다. 매물을 내놓은 건물주에게 연락해 부동산 매매를 위해 꼭 만나고 싶다는 의사를 간곡히 전달했다. 다음 날 조 사장은 수표 한 장을 손에 쥐고 곧바로 건물주를 찾아갔다. 건물주는 새로운 매수인과 계약을 진행 중이라고 했지만, 조 사장은 그 자리에서 바로 계약금을 내밀며 계약을 성사시켰다. 과감한 결단력으로 명동 건물을 소유하게 됨으로써 100억 원대 자산가로 발돋움하는 계기가 됐다.

맹시환 사장에게도 IMF는 인연을 만나게 해준 기회였다. 스스로는 운이라고 말하지만, 그 운이 갑자기 찾아온 것은 아니었다. 맹 사장은 사업을 시작하던 초기부터 목숨 걸고 한다는 각오로 시작했고 여러 번 실패를 겪으며 단단하게 무장되어 있었다. 그는 명동에서 비어 있는 매장을 발견하자마자 곧바로 건물 관리인을 찾아가 임대를 요청했다. 겨우 보증금을 낼 자금밖에 없었지만 과감하게 결정했다. 그 결과 2호점인 을지로점, 3호점인 광교점을 낼 수 있었고, 점차 도심 곳곳으로 엠핀 매장을 확장시켜나갔다.

황동하 사장에게도 IMF는 기회였다. 당시 황 사장은 의류 매장을 여섯 개 운영하고 있었다. IMF를 지나면서 매장의 매출에 변화가 생겼다고 한다. 카드매출이 엄청나게 늘어나기 시작한 것이다. 원래 매출의 20퍼센트 수준이었던 카드결제가 체크카드나 포인트 제도의 등장으로 인해 결제수단의 강자로 떠오른 것이다. 3,500원짜리 면 티셔츠를 살 때도, 음료수 한 개를 살 때도 카드로 사는 사람들이 늘어났다. 이렇게 카드사용이 활성화되다 보니 매장의 매출도 말도 못하게 늘었다. 매장 안을 가득 채운 손님 사이를 지나가지 못해 계산대로 옷을 집어 던질 정도였다고 한다. 황금기나 마찬가지였던 기회를 잘 살려 황 사장은 모아둔 돈과 대출을 활용해 건물을 사들였다. 자산가치가 점점 상승하는 계기가 된 것이다.

위기의 순간에 기회를 잡는 것도 용기다

2007년 경북 영주시에 갑자기 쏟아진 기록적인 우박으로 인해 많은 농가에서 상당한 피해를 입었다. 당시 우박의 피해를 입어 처분해야 하는 사과만 7만 톤에 달했다고 한다. 아무런 대비책도 없이 앉은자리에서 1년 농사를 망치게 된 것이다. 절체절명의 위기를 기회로 삼아 헤쳐나갈 묘안이 필요했다. 그때 농협이 나섰다. 흠집이 생긴 사과들을 모아 정상 제품보다 70퍼센트 할인된 가격으로 판매하기 시작한 것이다. 농협에서 꺼내든 아이디어는 우박으로 피해를 입은 사과에 "하늘이 만든 보조개 사과"라고 이름을 붙이는 것이었다. 농협 매장을 통해 새로운 사과 상품을 유통하고 전국에 해당 상품을 알리기 시작하자 전국적으로 팔려나갔다.

2018년에 개봉한 영화 〈국가 부도의 날〉에도 위기의 순간에 돈을 거머쥔 주인공의 이야기가 나온다. 주인공은 IMF라는 전무후무한 국가적 위기를 감지하고 달러를 사 모으기 시작한다. 주가가 하락하면 환율이 오를 거라는 예상에 근거한 행동이었다. 예상대로 환율이 오르자 돈을 번 주인공은 부동산에 투자하기 시작한다. 갑자기 돈이 필요해진 사업가들은 자신들이 보유했던 부동산을 앞다투어 팔기 시작했고 공급이 늘어나자 부동산은 헐값에 매매됐다. 이러한 기회를 틈타 주인공은 알짜 부동산을 사들였다. 과감한 역발상 투자로 떼돈을 번 주인공 역시 위기를 기회로 잡아 성공할 수 있었다.

테라로사라는 커피숍을 연 김용덕 대표는 은행에서 21년간 성실히 일했지만, IMF로 인해 은행을 떠날 수밖에 없었다고 한다. 그 역시 위기를 터닝 포인트로 바꾼 대표적인 사례다. 처음에 속초에서 돈가스집을 연 그는 후식으로 내놓는 커피에 관심을 갖게 됐다. 커피를 제대로 알기 위해 문학, 역사, 철학 관련 책들을 탐독하며 커피의 매력에 푹 빠져버렸다. 그 결과 강릉에 테라로사 1호점을 열었고, 지금의 유명세를 얻었다. 만약 그가 은행을 떠나지 않고, 속초에 돈가스집을 열지 않고, 커피의 세계를 경험하지 않았다면 이루지 못했을 또 다른 성공인 셈이다. 위기일수록 용기를 갖자. 어쩌면 나에게 닥친 이 위기가 나를 성장시킬 발판이 될지도 모른다.

위기는 터닝 포인트다

늘 위기 속에 기회가 있다고 생각하자. 위기는 터닝 포인트다. 조 사장이 건물주로부터 가게를 빼라는 통보를 받고 신세 한탄만 하고 있었다면 어떻게 되었을까? 연은 순풍이 아니라 역풍에 가장 높이 난다는 말이 있다. 자신이 너무 힘든 상황에 처해 있어서 도저히 앞으로 나아가지 못할 것 같은 순간이 있다. 그럴 때일수록 위기에 봉착한 근본적인 원인을 정확히 파악하고 더 이상 떨어질 바닥도 없다는 각오로 무장해야 한다. 힘든 상황일수록 아이디어는 더욱 반짝일 수 있고, 좋은 기회는 언제든 우리를 기다리고 있다. 다시 말하지만, 부자는 위기 속에서 큰 기회를 거머쥐는 사람이다.

또 자기 최면을 걸어보자. 성공한 자신의 모습을 상상해보는 것이다. 자신의 일을 방해하는 요소들이 등장할 때마다 "나는 이 위기를 딛고 일어나 성공할 것이다."라고 생각해보자. 간절히 바라면 이루어진다고 했다. 내가 되고 싶은 사람, 이루고 싶은 꿈을 반복해서 생각하면 자신이 바라는 모습으로 변해갈 수 있다. 내가 이 책을 쓰는 궁극적인 이유이기도 하다. 이미 성공한 사람들의 이야기를 자주 접하고, 성공한 사람의 습관을 하나씩 실천함으로써 나 역시 성공하게 되는 것이다.

3 부자는 커피 한잔을 가볍게 여기지 않는다

"부자가 되고 싶으면 버는 것뿐 아니라 모으는 것도 생각하라."

_벤저민 프랭클린

부자의 기본은 저축이다

김병희 사장은 저축의 중요성을 누구보다 강조한다. 월급을 얼마나 받든 부자가 되려고 한다면 절반 이상 저축해야 한다. 저축을 통해 돈을 모으고 나면 돈을 불려나가는 재미를 느낄 수 있다. 돈이 모여야 미래에 대한 계획을 세울 수 있다. 시드머니가 만들어지면 사업에 대한 구상도 할 수 있다. 명심보감에 "대부유천 소부유근(大富由天 小富由勤)"이라는 말이 있다. 큰 부를 이루는 것은 하늘에 달려 있고, 작은 부를 이루는 것은 부지런하고 성실하면 이룰 수 있다는 말을 믿는다.

김 사장은 중소기업에 입사했을 때부터 월급의 50퍼센트를 꼬박꼬박 저축해 종잣돈을 마련했다. 저축은 매우 간단한 수학의 계산식과 같다. 내가 번 돈보다 적게 쓰면 돈이 모이고, 내가 번 돈보다 많이 쓰면 마이너스가 될 수밖에 없다. 월급의 반을 저축하는 것이 생각보다 쉽지 않을 수도 있다. 하지만 저축을 10~20년 해본 사람과 저축을 전혀 해보지 않은 사람은 분명히 다르다. 저축을 시작하기로 마음을 먹으면 적어도 마이너스가 생기지 않도록 노력하고 있다는 것과 다르지 않다.

금수저든 흙수저든 중요하지 않다. 최고의 재테크 원칙은 절약과 투자라는 말도 있다. 스위스 UBS은행에서 조사한 자료에 따르면 미국에서 억만장자라 불리는 사람의 80퍼센트가 자수성가형이라고 한다. 또 50퍼센트는 부모에게 한 푼도 물려받지 않았다고 한다. 명동의 부자들 역시 금수저로 태어나 물려받은 자산을 기반으로 부자가 되기보다 맨주먹으로 시작한 사람들의 비중이 더 많다. 은행을 찾는 고객 중 VIP 고객과 일반 고객으로 나뉘는 기준도 철저히 저축하고 관리하는 습관의 유무다.

세계적인 부자들을 보면 예상 외로 검소한 모습을 볼 수 있다. 글로벌 유통기업 월마트를 창업한 샘 월튼은 부자가 되고 나서도 오래된 트럭을 몰고 다니며, 동네 이발소를 이용했다고 한다. 월튼 가문은 미국 최고 부자 가문으로 알려져 있다. 그들이 부를 쌓을 수 있었던 비밀 역시 투철한 절약 정신이라고 한다. 샘 월튼의 검소한 모습을 보고 자란 아들 롭슨 월튼 역시 창문 없는 3평 남짓한 사무실을 쓰며 검소한 생활을 이어갔다. 샘 월튼의 세 자녀 모두 아버지의 근검 절약을 보고 배운 덕분에 〈포브스〉가 선정한 세계 부자 30위 리스트에 매해 꾸준히 이름을 올리고 있다.

저축에 꿈을 담아라

은행마다 VIP 창구에서 대여금고 서비스를 이용할 수 있다. 보통 금고의 개수가 한정되어 있고 금고를 이용하려는 고객이 많아 순번을 기다려야 하는 경우가 많다. 고객 중에 금고의 크기가 작아도 좋으니 꼭 이용하면 좋겠다는 사람이 있었다. 은행 지점 인근의 회사에 근무하며 알뜰살뜰 저축해 살아가는 회사원이었다. 그는 사회생활을 시작하면서부터 돈을 모아 부자가 되겠다는 꿈을 가지고 있었다. 입사 후에는 은행에서 권유하는 연금신탁에 가입해 재테크를 시작했다. 은행을 찾을 때마다 마주하는 VIP실이나, 자산관리를 받는 고객을 보며 자신도 VIP 고객이 되겠다는 꿈을 꾸었다고 한다. 그에게 대여금고란 VIP 고객이 되는 통과의례 같은 것이었다. 마침내 대여금고를 오픈한 날, 바로 자신의 꿈이 하나 이루어졌다고 했다.

그가 전화를 걸어 내게 이런 말을 한 적도 있었다. “차장님, 저 이번에 승진했어요. 급여도 조금 올랐고요. 급여 인상분만큼 저축하러 가려고요.” 급여가 인상되었어도 저축을 늘려본 적이 없는 월급쟁이 은행원으로서 당황스럽고도 부끄러웠다. 그와 함께 은행을 찾은 배우자 역시 저축 마니아였다. “매일 5만 원 입금하는 적금에 가입할게요. 매일 5만 원씩 수입은 있으니까요.” 당시 의류 매장을 운영하던 배우자는 매일 발생하는 매출 중 일부를 꼬박꼬박 저축하고 싶다고 했다. 그들에게 저축은 꿈을 향해 오르는 계단과도 같은 수단이었다.

월급쟁이도 꿈을 가지고 꾸준히 저축하다 보면 대여금고를 오픈하는 날이 온다. VIP실에서 자산관리를 받을 수도 있다. 구체적인 꿈을 생각하며 한 걸음씩 나아가다 보면 저축에도 재미가 붙는다. VIP가 되겠다는 꿈을 가졌던 고객처럼 대여금고라는 목표를 세워도 좋고, 은행에서 관리받을 금액을 정해봐도 좋고, 사업에 실제 소요될 비용을 세우고 나서 차곡차곡 저축해가는 것도 좋다. 한마디로 저축은 꿈이다.

라떼 효과를 무시하지 마라

자신의 꿈을 담는 저축습관을 위해 라떼 효과를 활용해보자. 라떼 효과란, 아침 출근길에 무심코 사 마신 라떼 한 잔처럼 별생각 없이 낭비하는 것을 은유적으로 표현한 말이다. 라떼 한 잔이라도 하루에 한 잔이면 5,000원, 한 달 내내 마시면 15만 원, 1년이면 180만 원을 쓰게 된다. 낭비의 대상은 개인마다 다르다. 누군가에게는 커피 한 잔, 누군가에게는 담배 한 보루, 누군가에게는 편의점에서 사 마시는 비싼 음료수. 평소 자신이 지출하는 항목에 관심을 갖지 않으면 알게 모르게 불필요한 지출을 하게 된다. 불필요한 지출의 항목이 무엇인지 빨리 파악할수록 자신이 목표로 한 부자라는 고지를 향해 한 걸음 더 빨리 다가갈 수 있다.

자신의 수입과 지출을 파악하기 위한 방법을 계속 찾다 보면 라떼 효과를 몸소 체험할 수 있고, 재미와 보람도 느낄 수 있다. 예를 들면 앱에 설정된 자동결제 서비스를 해지하는 것, 커피값으로 나가던 5,000원을 매일 모아보는 것, 담배 한 갑만큼의 금액을 모아보는 것 등이다. 일주일에 3만 원을 모으면 5년간 720만 원을 만들 수 있다. 그냥 사라져버릴 수도 있었던 돈이라고 생각하기엔 금액의 크기가 상당하다. 이렇게 작은 습관이 쌓이면 다른 지출 항목도 점검하게 된다. 1년이 지나고 2년이 지나면 의외로 큰 금액이 쌓여 있는 통장을 보며 놀라게 될 것이다.

한동안 자신이 쓴 영수증을 확인하는 TV 프로그램이 인기를 끌었다. 실제로 자신이 모아둔 영수증을 보며 소비 항목을 체크하는 것은 부자가 되기 위한 좋은 습관이다. 요즘은 영수증을 그냥 버리기도 하고 아예 발급받지 않는 경우도 흔하다. 한 달만이라도 영수증을 모아보자. 영수증을 확인하는 습관이 몸에 배면 나중에는 영수증을 확인하지 않더라도 지출 중에서 불필요한 항목을 줄이기 쉬워진다.

비과세 금융상품에도 관심을 가지면 좋다. ISA(Individual Savings Account)가 대표적이다. 하나의 통장으로 예금, 적금, 주식, ELS를 거래할 수 있는 개인종합 자산관리통장을 말한다. 일반형은 200만 원까지, 서민형은 400만 원까지 비과세 한도가 주어진다. 비과세 한도를 초과하는 수익에 대해서는 분리과세를 적용한다. 금융소득 종합과세 대상자는 가입이 제한되지만, 가입대상이 된다면 가입하지 않을 이유가 없다. 2021년 12월 31일까지 한시적으로 가입할 수 있으므로 놓치지 말고 활용하면 좋다. ISA 외에도 저축을 생활화할 수 있는 상품은 다양하다. 30분만 짬을 내어 은행에 방문해보자. 돈과 관련된 일을 하는 사람에게서 더 많은 팁을 구할 수 있는 법이다.

최고의 투자는 절약이라고 말한다. 자산을 모으고 늘리는 것보다 필요한 지출을 줄이는 일이 먼저다. 아침부터 저녁까지 지출한 비용을 일주일만 기록해보면 나에게는 어떤 라떼 효과가 있었는지 금방 알 수 있다. 나만의 라떼부터 줄여나가는 연습을 해보자. 작은 성취를 누려본 사람만이 큰 성취감도 맛볼 수 있고, 큰 부자가 될 수 있다.

4 똑똑한 부자는 빚도 굴린다

"진정으로 부유해지고 싶다면 소유하고 있는 돈이 돈을 벌어다 줄 수 있도록 하라. 개인적으로 일해서 벌어들일 수 있는 돈은 돈이 벌어다 주는 돈에 비하면 지극히 적다."

_존 D. 록펠러

같은 이익도 배경은 다르다

레버리지(leverage, 지렛대) 효과란 차입한 돈을 지렛대 삼아 자기 자본이익률을 높이는 것을 말한다. 같은 이익을 얻더라도 내 자본을 적게 들이면 자본 대비 이익의 비율(자기자본이익률)이 올라간다. 1만 원을 투자해 1,000원의 순익을 올리면 자기자본이익률은 10퍼센트다. 반면, 자기자본 5,000원에 차입금 5,000원을 더해서 1만 원을 투자하고 1,000원의 수익을 내면 자기자본이익률은 20퍼센트가 된다. 즉, 자기자본이익률이란 수익을 자기자본으로 나눈 비율을 말한다.

자기자본 5억 원을 가진 사람이 상가를 산다고 가정해보자. 5억 원대 시세의 상가 매물을 찾을 수 없어서 은행에서 5억 원을 대출받기로 했다. 총 10억 원을 들여 상가를 사들였다. 1년 후 상가의 시세가 15억 원으로 올랐다고 가정하면, 자기자본 대비 이익률은 100퍼센트다. 자기자본 5억 원으로 상가의 시세차익 5억 원을 벌어들였기 때문이다. 만약 자기자본 10억 원으로 상가를 매입했다면 자기자본이 10억 원, 상가의 시세차익은 5억 원이므로 자기자본이익률은 50퍼센트다.

레버리지 효과를 얻고자 하는 이유는 기대수익률이 대출 이자 비용보다 높다고 판단하기 때문이다. 자기자본을 모으는 동안 부동산 가격이 오르면 기회비용을 잃을 수도 있다. 이때 여신을 활용해 자산을 매입하면 큰 이익을 낼 수 있다. 이러한 판단에 따라 향후 가치가 상승할 것을 예상해 대출 이자를 부담해서라도 상가를 매입하는 것이다. 명동 부자들도 레버리지 효과를 활용해 건물을 매입함으로써 큰돈을 벌었다.

100억 원대 부자와 1,000억 원대 부자의 차이는 대출의 유무다

IMF 이후 명동의 상가 가격이 많이 하락했다. 은행에서는 자본을 가진 고객들에게 대출을 이용해 건물을 사도록 권유했다. 당시는 대출 규제가 지금보다 덜한 때여서 대출 이자 수입이 은행의 큰 수입원이었다. 자기자본 10~20퍼센트만 있어도 거뜬히 여신실행이 가능했다. 레버리지 효과를 노렸던 명동 부자들은 과감하게 은행 대출을 활용해 건물을 매입했다.

20년이 지난 현재, 명동 부자들 중에서도 레버리지 효과의 활용 여부에 따라 자산의 규모가 구분된다. 대출을 과감하게 활용해 건물을 매입한 한 사장은 수천억 원대의 자산가로 발돋움했다. 물론 대출을 꺼려 건물을 매입하지 않은 고객들도 본업에 충실히 임하며 부자가 되었다. 하지만 부동산 자산가치의 상승효과를 넘어서지 못하고 수십억 원 혹은 수백억 원대의 자산에 그치고 말았다. 기회를 이용한 과감한 투자가 부의 주춧돌이 된다는 사실은 변함이 없다.

절대로 남에게 돈을 빌릴 수 없다고 생각한 한 부자가 있었다. 본인이 꾸리고 있는 사업을 최고의 자리로 올려놓았을 뿐만 아니라 명동의 높은 임차료도 감당할 수 있는 사람이었다. 그만큼 현금 유동성이 좋은 편에 속했다. 하지만 그런 그조차도 기회가 있을 때 은행에서 대출을 받아 건물 매입을 하지 않은 점을 후회한다고 고백한다. 명동 상가 임차료가 급등해 임차비용이 너무나 커졌기 때문이다. 아무리 장사가 잘된다고 해도 이익의 많은 부분을 고정비용으로 지출한다면 이익금이 줄어들 수밖에 없다.

흔히 금융기관에서 받은 대출 중에도 좋은 종류의 빚과 나쁜 종류의 빚이 있다고 말한다. 예를 들어 생활비를 감당하지 못해 받은 현금서비스나 카드빚은 좋은 빚이 아니다. 반면 부동산 구매를 위해 얻은 빚은 좋은 빚이다. 두 종류의 빚은 돈을 빌린 목적 자체가 다르기 때문이다. 후자의 경우 향후 가치가 올라갈 물건을 사기 위해 빌리는 수단인 셈이다. 또 대출을 받고 나서 차곡차곡 원금을 상환해 나가다 보면 적금을 쌓는 효과를 누릴 수 있다. 소비 심리가 위축되어 지출을 줄여나가는 효과도 기대할 수 있다. 이러한 과정들을 통해 자산은 늘어난다. 지금 자신이 가진 자산을 한 단계 더 업그레이드시키고 싶다면 레버리지 효과를 적극적으로 활용해보자.

은행의 VIP 창구에서 자수성가형 자산가를 만나다 보면 자산의 규모가 크게 수십억 원대, 수백억 원대, 수천억 원대로 나뉜다. 수십억 원대의 자산가는 소위 전문직 종사자인 의사, 변호사 등의 고액연봉자인 경우가 많다. 수십억 원을 현금 자산으로 보유하며 은행의 VIP 고객으로 분류돼 거래한다. 수십억 원대의 자산가에서 수백억 원대의 자산가로 발돋움하려면 사업가로 변신을 해야 한다. 제아무리 고액연봉자라 해도 급여소득자로서 갖는 한계가 분명히 존재하기 때문이다. 물론 병원 같은 전문직 사업을 확장시켜 수백억 원대의 자산가로 한 단계 상승하기도 한다.

수천억 원대의 자산가로 발돋움하려면 레버리지 효과의 도움을 받아야 한다. 자산이 많은 부모를 만나지 않고서 자수성가로 수천억 원대 자산가가 되기란 정말 어려운 일이다. 그처럼 어마어마한 자산가가 되려면 부동산 자산을 반드시 확보해야 한다. 내가 만난 명동 부자들을 수백억 원대의 자산가와 수천억 원대의 자산가로 구분 짓는 기준도 결국 부동산이었다. 현실적으로 자기자본만을 가지고 부동산을 소유한다는 것이 힘든 만큼 레버리지 효과를 활용하겠다는 결단력의 유무가 모든 것을 판가름 짓는다.

그럼에도 불구하고 빚은 빚이다

은행의 기업대출을 꼼꼼히 알아보고 활용해보자. 지금은 대출에 대한 규제가 과거보다 많이 늘어났다. 정부에서는 2018년부터 '개인사업자 대출 여신심사 가이드라인'을 도입하기로 했다. DSR(Debt Service Ratio, 총부채원리금상환비율)과 함께 발표된 RTI(Rent To Interest, 임대업이자상환비율)로 인해 그동안 비교적 쉽게 대출을 받았던 임대사업자들은 대출에 제동이 걸렸다. RTI는 임대사업자의 연간 임대소득을 연간 이자비용으로 나눈 비율이다. 이제 임대사업자들도 대출상환능력이 충분하다는 것을 증명해야만 대출할 수 있다는 말이다. 하지만 기업대출을 활용하면 감정가의 70퍼센트 전후의 자금대출이 가능하니 은행을 적극적으로 활용해보자.

레버리지를 활용할 때 주의할 사항이 있다. 레버리지가 높다는 것은 대출금이 많다는 것을 의미한다. 따라서 대출 이자로 내야 할 금액보다 높은 수익률이 기대될 때에만 여신을 활용해야 한다. 대출을 많이 끌어 쓰면 이자 부담도 커질 수밖에 없다. 만약 불황이 이어져 수익이 줄어들면 도산할 가능성도 있다. 상권에 대해 정확하게 분석하고, 이자 부담에 대해서도 정확하게 계산해야 한다. 레버리지 효과가 있어야 부를 쌓을 수 있다고 해도 빚은 빚이다. 빚을 내는 것을 쉽게 생각해서는 안 된다.

물론 정확한 미래를 예측하기란 어렵지만 때로는 과감한 결단도 필요하다. 누구나 예상할 수 있다면 누구나 부자가 될 테지만, 세상은 그리 호락호락하지 않다. 부동산 가격이 아무리 많이 올랐어도 내가 망설이는 동안 다른 부자들은 명동 부자들처럼 좋은 상권의 좋은 물건을 발 빠르게 구입해 시세차익을 누린다. 반면 부동산 매입을 망설이는 사람은 예전이나 지금이나 망설이기만 한다. 분석을 통해 확신이 들었다면 명동 부자의 과감함을 한번 배워보자.

5 부자는 늘 총알을 채워둔다

"인생에서 원하는 것을 얻기 위한 첫 번째 단계는 내가 무엇을 원하는지 결정하는 것이다."

_벤 스타인

기회비용과 매몰비용

오래전에 방송됐던 예능 프로그램 중에 〈TV 인생극장〉이라는 상황극이 있었다. 주인공은 두 가지 인생의 갈림길 중 한 가지를 선택해야 하는 상황에 놓인다. 시청자들은 A라는 선택을 했을 때 전개될 상황, B라는 선택을 했을 때 전개될 상황을 각각 경험해볼 수 있다. 선택의 순간이 다가오면 경쾌한 음악 소리가 깔리며 주인공은 이렇게 외친다. “그래, 결심했어!” 만약 실제 상황이라면 한 갈래의 길을 선택했을 때 나머지 갈래의 길은 포기해야만 한다.

경제 용어에도 비슷한 상황을 설명하는 기회비용(alternative cost)이라는 말이 있다. 하나의 선택을 했을 때, 그로 인해 포기한 다른 가치를 의미한다. 즉, 자신이 포기한 선택에 대한 대체기회를 의미하는 것이다. 이전부터 기회비용의 의미는 존재했으나, 20세기 초 오스트리아의 경제학자 프리드리히 폰 비저(Friedrich von Wieser)에 의해 기회비용이라는 개념이 도입됐다.

기회비용과 비슷한 개념으로 매몰비용(sunk cost)이라는 용어도 있다. 출근하기 위해 버스를 기다리고 있다고 생각해보자. 아무리 기다려도 버스가 오지 않는다. 택시를 탈까 고민하다 조금 더 기다려보기로 한다. 눈앞에 택시가 서 있지만 버스를 기다린 시간이 아깝다는 생각에 택시를 타지 못한다. 시간을 버려가며 기다릴 만큼 기다리다 택시비까지 내야 한다니 속이 쓰릴 만하다. 결국 버스를 기다린 시간이 아까워 어떤 결정도 하지 못한다. 이렇게 버스를 기다리며 버린 시간을 매몰비용이라고 한다. 현재 자신이 처한 상황만을 놓고 판단해 택시와 버스 중에 선택하면 되는데 종종 우리는 이러한 매몰비용을 고려하느라 그릇된 판단을 하기도 한다.

저축을 부동산 투자의 총알로 생각하라

명동 부자들에게 기회비용은 무엇이었을까? 그들은 어떻게 매몰비용을 관리했을까? 명동으로 처음 발령을 받고서 앞으로 관리해야 할 VIP 고객들의 현황을 파악하다가 한 가지 이상한 점을 발견했다. 투자상품을 운용하며 수익을 내야 할 자금들이 MMF 통장에 묶여 있거나, 심지어 이자를 한 푼도 주지 않는 입출금 통장에 잔뜩 묶여 있었던 것이다. 곧바로 해당 고객에게 전화를 드렸다. "○ 사장님, 입출금 통장에 자금을 마냥 넣어두시는 것보다 단기로라도 운용하시면 조금 더 높은 이익을 얻을 수 있습니다."

분명 나는 그가 사업을 운영하느라 바빠서 못 챙겼을 거라고 판단했다. 그런데 그에게서 의외의 대답을 들을 수 있었다. "네, 차장님. 잘 알고 있습니다. 그냥 놔두시면 돼요." 알고 보니 부동산 매수를 위한 대기 자금이었던 것이다. 그는 투자상품에 가입해서 누릴 수 있는 투자수익이라는 기회비용을 과감히 포기하고, 부동산 매수 타이밍에 신속하게 자금을 움직일 생각이었던 것이다.

명동은 공시지가가 단 한번도 하락한 적 없을 만큼 우리나라에서 최고의 땅값을 자랑하는 지역이다. 대한민국 어떤 지역보다도 부동산에 대한 수요가 높고 임차수익도 높다. 투자상품을 판매하는 은행원으로서는 힘든 여건이지만, 명동 부자들의 부동산에 대한 수요는 충분히 이해가 됐다. 그만큼 명동에서는 부동산 자산의 가치 상승이 주는 효과가 다른 지역보다 훨씬 크다.

명동 부자에게 투자상품의 수익은 버려야 할 기회비용이었다. 투자수익이라는 기회비용 대신 부동산이라는 대체재를 선택한 것이다. 최근에는 평당 10억 원이라는 높은 가격에 거래된 매물도 있었다. 높은 거래 가격이 명동의 가장 큰 진입 장벽이지만 탄탄한 자금력을 갖춘 부자들에게 명동의 부동산은 가장 선호하는 투자대상이다. 비단 명동뿐만 아니라 빌딩 부자가 많은 강남도 마찬가지다. 강남 부자 역시 단기로 자금을 운용하며 부동산에 많은 관심을 기울인다.

임차료가 높은 명동의 상가에서 장사를 하는 사람들은 늘 고민의 순간을 경험한다. 실제로 매월 5,000만 원의 임차료를 내야 하는 상가가 있었다. 사드 사태의 여파로 중국인 관광객은 많이 줄어들고 영업 이익이 나지 않자 임차인은 고민이 생겼다. 현재 수준의 임차료를 내다가는 적자를 면하기 어려웠기 때문이다. 명동에서는 이처럼 임차로 들어와 있는 대기업 브랜드조차 가게를 빼는 상황이 심심치 않게 벌어지고 있다.

해당 상가의 건물주는 어떤 판단을 내렸을까? 발 빠른 명동 부자는 예전에 받던 임차료에 연연하지 않고 현재 상황에 맞게 임차료를 조금씩 인하해주었다. 임차인이 빠져 공실이 되는 것보다는 임차료를 조금 낮추더라도 상가를 유지하는 것이 맞다고 판단했기 때문이다. 간혹 기존 임차료를 고수하다 임차인이 아예 빠져나가는 상가도 있다. 특히 기존 임차인이 대기업일 경우에는 상대적으로 오른 임차료를 중소상인이 감당하지 못하기도 한다.

한 임대인은 임차료를 한번 내리면 다시 올릴 수 없다고 생각해 절대로 임차료를 내리지 않았다. 그 결과 유동인구가 가장 많은 지역이었지만, 수개월째 공실로 내버려둬야만 했다고 한다. 한번 공실이 생기면 건실한 임차인을 구하기가 쉽지 않을뿐더러 매월 내야 하는 대출 이자와 건물 유지비용도 만만치 않다. 높은 임차료라는 매몰비용은 빨리 포기하고 공실을 줄일 수 있도록 임차료를 인하하는 것이 오히려 돈을 버는 길이다. 매몰비용에 대한 빠른 판단만이 돈을 벌 수 있게 해준다.

정글에서 악어를 만나 다리를 물렸을 때 살아남는 방법은 다리를 포기하는 것이다. 자칫 악어의 입에 손을 넣어 다리를 빼려 하다가는 손마저 잘려버리고 만다. 시장 중심의 경제 사회 속에서 살아남으려면 기회비용은 줄이고 매몰비용은 빠르게 잊는 지혜가 필요하다.

기회비용을 잘 이용하는 방법

부자가 되려면 명동 부자처럼 현명하게 선택할 줄 알아야 한다. 부동산과 투자상품을 놓고 선택하는 순간 기회비용이 발생한다. 만약 부동산을 구입하기로 했다면 명동 부자처럼 예금이나 투자상품에 대한 수익률은 과감하게 포기해야 한다. 기회비용이 가장 적은 선택일수록 합리적인 선택이다. 무엇보다 나에게 적합한 선택을 해야 한다. 잘못된 기회비용을 선택했다고 판단되면 노선을 빨리 변경할 줄도 알아야 한다.

매몰비용 역시 과감히 포기할 줄 알아야 한다. 일상에서 마주하는 여러 가지 상황에서 지나간 매몰비용에 연연하지 않도록 노력하자. 지나간 것에 대한 미련을 빨리 버리고 현재의 상황에서 가장 좋은 선택을 하는 훈련을 하자. 잘못된 선택을 후회하면서도 자신이 들인 시간이나 노력, 돈 때문에 지금 처한 상황에서 벗어나지 못하고 있지는 않은지 되돌아봐야 한다.

하나를 선택하면 다른 하나를 포기할 수밖에 없는 상황은 우리를 딜레마에 빠지게 만든다. 먼저 현명하고 지혜로운 선택을 하고, 이미 포기한 선택에 대해서는 나중에 후회하지 말자. 명동 부자들은 부동산 투자를 위해 투자수익이라는 기회비용을 과감하게 버렸다. 매몰비용에 대한 집착 역시 빨리 벗어던졌다. 지금 내가 내리는 결정으로 어떠한 기회비용이 발생하는지 판단해보고, 매몰비용에 집착하고 있는 것은 아닌지도 확인하자. 그래야만 부자의 길로 한 걸음 더 나아갈 수 있다.

부자는 작은 성취에서 시작된다

"투자를 하는 기준은 해당 기업이 경쟁 우위에 있는 것을 지속할 수 있는지를 판단하는 데 있다."

_워런 버핏

1등 효과

아무리 실력이 좋아도 그에 걸맞은 성적을 거두지 못하는 사람은 쉽게 패배감에 빠진다. 반대로 힘겹게 1등이라는 최고의 자리를 경험하고 나면 자신감이 생긴다. 세계적인 테니스 스타 노박 조코비치 역시 2010년 데이비스컵 우승 이후로 경기력이 더욱 과감해졌다. 그는 "페더러, 나달과 한 시대에 태어나 테니스를 하게 돼 지독히도

불운이다."라고 탄식했지만, 페더러나 나달을 만나도 기죽지 않고 경기를 지배했다. 데이비스컵이라는 큰 대회에서 1등을 해본 경험에서 비롯된 자신감 덕분이었다.

1등을 경험해본 사람은 슬럼프를 겪어도 다른 사람들보다 빨리 회복한다. '나는 남들과 다르다'라는 자존심이 있기 때문이다. 자신이 겪고 있는 고비만 잘 극복하면 그에 걸맞은 성공이 기다린다는 것도 알고 있다. 반면 1등 효과를 경험해보지 못한 사람은 마지막 고비를 넘기지 못하고 쉽게 포기해버리고 만다. 학창시절에 2등이나 3등은 자주 바뀌어도 1등은 쉽게 변하지 않는 것과 비슷하다. 하지만 세상의 모든 1등이 처음부터 1등이었던 것은 아니다. 조코비치처럼 작은 성취감을 이루는 경험에서부터 시작해 점점 더 큰 성취감으로 넓혀 나가는 것이다.

누구나 몰입할 대상이 필요하다

S 사장은 금융업계 1위의 카드사와 보험회사만 골라 거래한다. 업계 1위와 비즈니스 파트너 관계를 맺는 것을 기본 원칙으로 삼고 있다. 1등과 2등의 차이를 1등과 10등 차이만큼 여기기 때문이다. 1등을 경험해본 사람이나 회사가 가지고 있는 특별한 자존심을 중요하

게 생각한다. 그들이 제공하는 서비스가 다르고 제품의 질도 확실히 다르다고 말한다. 일상생활에서도 여러 가지 선택을 해야 할 때면 그 분야에서 최고만을 선택하려고 한다.

김병희 사장이 인생에 한번쯤 몰입하는 대상이 필요하다고 말한 것 역시 1등 효과와 같은 맥락이다. 그는 자기가 하는 일에 자존감을 가지고 최선을 다해 몰입하는 과정을 중요하게 생각했다. 자기 분야에서 누구보다 독보적인 달인이 되는 경험만이 자신을 특별한 사람으로 만드는 비결이라 했다. 그런 과정을 통하면 돈은 그저 따라오는 것이라고 여긴다. 조귀현 사장이 잠을 설쳐가며 주력상품을 확보하려고 한 것도 자신의 가게에만 있는 특별함을 만들려는 1등 효과 때문이다. 1등 효과를 경험해봐야만 새로운 도전을 할 용기가 생긴다.

세계적인 투자자 워런 버핏은 1등 기업에만 투자하는 것으로 유명하다. 1등 기업이 낼 수 있는 높은 수익에 투자하는 것이다. 해당 분야에서 1등을 한 기업이라면 가장 높은 이익을 거둔다고 판단할 수 있다. 결론적으로 주가도 꾸준한 상승을 기대할 수 있다. 코카콜라와 펩시콜라로 양분된 콜라 시장에서 워런 버핏이 코카콜라 주식만 가지고 있는 것도 1등효과 때문이다. 1999년 〈포춘〉과의 인터뷰에서 워런 버핏은 이렇게 말했다. “투자를 하는 기준은 해당 기업이 경쟁 우위에 있는 것을 지속할 수 있는지를 판단하는 데 있다. 폭넓고 지속 가능한 해자(wide moat)를 가진 제품이나 서비스는 투자자에게 보상을 가져다준다."

해자란 성 둘레에 물을 채울 수 있도록 파둔 고랑을 말한다. 물을 가득 채워 침략자로부터 성을 보호하기 위한 방어책인 셈이다. 일본의 오래된 성이나, 중세 시대에 만들어진 성 주변을 둘러싼 고랑을 떠올려보자. 워런 버핏이 말한 해자란 경쟁기업으로부터 기업을 보호하는 구조적 장애물을 의미한다. 또한 어느 누구도 따라올 수 없도록 원천적으로 봉쇄할 수 있는 기업의 가치를 말한다. 이처럼 1등 효과란 다른 사람이 감히 넘볼 수 없도록 만들어주는 진입장벽 같은 것이다.

대한항공을 타든 저가항공을 타든 똑같은 서비스를 받는다면 굳이 비싼 돈을 지불할 이유가 없다. 모든 커피숍에서 똑같은 커피를 맛볼 수 있다면 어떤 커피숍을 가도 상관없다. 아무리 비싸더라도 그 항공사를 선택해야 할 이유가 있고, 그 커피숍을 꼭 선택해야 하는 이유를 만들어야 한다. 누구도 흉내 낼 수 없는 가치를 만들어내야 한다. 소비자가 기꺼이 가격을 지불할 용의가 있도록 1등이 되어야 한다.

어떤 세계에서든 1등과 2등의 차이는 하늘과 땅 만큼의 차이다

한번이라도 1등을 해본 경험이 있는 사람이라면 1등이 주는 무한한 효과를 안다. 한번도 1등을 해본 적이 없는 사람이라면 자신의 현재 상황을 제대로 파악하는 데서부터 시작해보자. 보통 사람들은 자신의 단점은 감추고 장점만 내세우려는 경향이 있다. 하지만 자신의 성격, 장단점을 정확하게 파악해야 더 나은 발전을 기대할 수 있다. 장점은 조금 더 자신있게 내세울 수 있는 강점으로 만들어야 하고, 자신도 미처 몰랐던 단점을 마음속 깊은 곳으로부터 끄집어내어 보완해야 한다.

자신의 장단점을 알기 위해서 자신의 성격을 객관적으로 파악해보면 좋다. 막연하게 자기 성격을 진단하는 것보다 객관적인 테스트를 받아보도록 하자. MBTI는 전 세계적으로 가장 많이 활용하는 성격유형 테스트 중 하나이니 객관적으로 성격을 파악해보기 좋을 것이다. 다양하게 세분화된 질문을 통해 얻은 결과이므로 적중률이 높고 성격을 객관적으로 인식하는 데 도움이 된다.

자신의 성격과 장단점 파악이 됐다면 이제 새로운 도전을 시도할 준비를 마친 것이다. 즉, 1등이 되기 위한 준비가 됐다는 말이다. 성취감을 맛볼 수 있는 도전을 시작해보자. 다양한 기업에서 주최하는 공모전에 도전해볼 수도 있고, 최고의 영업실적을 이뤄 최고라는 타이틀을 갖겠다는 목표를 세울 수도 있다. 남들과 똑같이 해서는 1등을 할 수 없기에 1등이 되기 위해 다양한 방안을 연구해야만 한다. 그러한 과정이 있어야만 1등이 될 수 있다.

반드시 1등이라는 순위를 달성하지 않더라도 작은 성취감을 맛볼 수 있는 도전이라면 도움이 된다. 한 달 동안 매일 5,000보를 걷는다거나 매일 물을 1리터를 마신다거나 커피를 하루에 한 잔씩 줄이겠다는 식의 소소한 도전부터 시작해보자. 작은 도전에 성공하면 자신감이 생기고 조금 더 큰 도전을 할 수 있는 용기도 생긴다. 비로소 나는 남들과 다르다는 특별함이 생기는 것이다. 남들과 똑같은 인생을 살기만 한다면 자신만의 성공을 이룰 수 없다.

얼리어답터가 어렵다면 패스트무버가 돼라

"돈을 움직이는 큰 손을 볼 수 있는 안목, 다시 말해 예감을 길러야 한다."

_명동 부자 황동하 사장

중저가 화장품 시장의 붐을 예상하다

화장품 사업에 열중하던 당시 김병희 사장은 중국의 시장이 열리고서 판매증가율이 눈에 띄게 신장되는 것을 감지했다. 품목당 판매수량이 10만 개만 되어도 큰 물량이었는데 어느 순간부터는 급속도로 판매량이 증가하며 백만 개 단위를 넘어, 수백만 개 단위의 판매까지 이어지는 증가율을 보였다고 한다. 김 사장은 과감히 재고 물량을 늘렸다. 예상은 적중했고 갑자기 넘쳐나기 시작한 수요에 대응할 수 있었다.

사업을 하다 보면 이와 같은 예감이 올 때가 있다고 한다. 그럴 때는 과감하게 베팅해야 한다. 판매 증가를 인지했으면서도 과감하게 베팅하지 않는다면 더 이상 전진할 수 없다. 기회가 보일 때는 그만큼 판단이 중요하다. 리스크를 꼼꼼하게 관리해 사업을 지키는 것도 중요하지만 비즈니스를 과감히 확장시켜야 할 때 소심하게 굴면 큰 돈을 벌지 못한다. 완벽한 사업을 하려고 기회를 노리다 모처럼 찾아온 기회를 놓칠 수도 있다. 그만큼 비즈니스에서 예감이 중요하다는 점은 몇 번을 강조해도 부족하다.

명동에 중저가 화장품 매장이라는 새로운 시장이 형성될 무렵에도 김 사장의 예감은 적중했다. 김 사장은 출퇴근길에 명동을 지나다 보면 행인들이 모두 미샤 매장이 어디인지 물어보았다고 한다. 너도나도 미샤 매장을 찾기에 궁금한 마음에 김 사장 역시 미샤 매장을 둘러보았다. 매장 안은 화장품을 구경하는 소비자들로 넘쳐나고 있었다. 도대체 무엇이 이들을 미샤로 이끈 것인지 궁금했다.

미샤는 서울대 화학과 출신의 화장품 회사 연구원이 온라인 판매를 위해 만든 브랜드였다. 브랜드를 런칭할 당시에 먼저 소비자가 화장품을 써보고 결정할 수 있도록 무료로 나누어 주는 마케팅 방식으로 주목을 받았다. 택배비 3,000원에 부가세 300원만 더한 금액을 상품 가격으로 정한 전략이 소비자에게 반향을 일으키면서 저렴하고 질도 좋은 트렌디한 화장품으로 자리매김했다. 현재의 명동 눈스퀘어 앞에 위치한 미샤 매장이 폭발적인 인기를 누리는 것을 보며 김 사장 역시 중저가 화장품 사업을 더 키워나가야겠다고 마음먹었다. 중저가 화장품 트렌드가 열풍을 이어갈 것이라는 사업가의 예감이었다.

당시 미샤, 더페이스샵, 에뛰드하우스, 스킨푸드 등 중저가 화장품이 독자적인 브랜드 콘셉트로 많이 출시되고 있었다. 김병희 사장은 먼저 2003년 12월 더페이스샵 1호점을 명동에 오픈했다. 2호점은 하루 7,000만~8,000만 원씩, 한 달에 16억 원 이상의 매출을 올리기도 했다. 장사가 워낙 잘되어 아침에 출근해서 저녁까지 식사를 제때에 하기도 힘들었다. 저녁에는 돈을 세는 데만 두 시간씩 걸릴 정도였다. 다음 해 5월 더페이스샵 광고가 나간 이후에는 체인점 문의가 급증해 한 달 만에 재고로 보유하고 있던 100억 원어치의 물건을 다 팔기도 했다. 이처럼 기록적인 매출을 기록할 수 있었던 것은 중저가 브랜드 화장품 시장이 활기를 띨 것이라는 김 사장의 예감이 있었기 때문이다.

"정보를 수집하는 노력을 바탕으로 다양한 지식을 섭렵해야만 예감이 발동할 수 있습니다.
인기 있는 브랜드, 브랜드의 특색, 많이 팔리는 아이템, 매장 분포 현황을 조사해보는 것은 기본이고 관련 업계 종사자도 만나 현장의 흐름도 확인해봐야 합니다. 결국 나 자신이 그 분야의 전문가가 된다는 목표가 있어야 하죠."

큰돈을 버는 사람들은 예감이 오면 과감하게 베팅한다

황동하 사장에게도 역시 뛰어난 예감이 있었다. 황 사장이 신발 사업에 매진하던 시절 섬유와 신발 산업을 필두로 우리나라 기업에도 노조가 결성되기 시작했다. 특히 부산은 신발 사업의 메카나 다름없었다. 한 집 건너 한 집이 신발을 생산하던 신발 공급 기지였다. 황 사장은 부산에 있는 신발 거래처의 주임급 직원과 친하게 지내고 있었다. 어느 날 그에게 월급이 얼마냐고 물었더니, 그는 대략 60만 원 정도를 받는다고 답했다. 나중에 부산으로 출장을 갈 때마다 궁금한 마음에 월급이 얼마인지 물었다. 그러던 어느 날 거래처 주임은 월급이 300만 원으로 올랐다는 말을 꺼냈다.

"갑자기 오른 월급을 회사가 어떻게 감당하겠어요?" 황 사장은 거래처의 사정을 수소문해보기로 했다. 우려대로 회사의 영업이익이 좋지 않아져 위태로운 상태였다고 한다. 황 사장은 거래처가 만든 상품을 모두 사들이겠다는 의사를 내비쳤고, 마침 경영의 어려움을 호소하던 회사는 자사의 신발을 저렴한 가격으로 황 사장에게 판매했다. 결국, 사업에 대한 예감과 과감함이 비즈니스의 성패를 가른다. "사업에는 먹이사슬 같은 게 있어요. 돈이라는 것 역시 큰 손이 움직이는 거예요. 시스템이 관리하는 거죠. 그러한 큰 움직임을 볼 수 있는 것은 안목, 다시 말하면 예감이라고도 할 수 있겠죠."

사업에 필요한 예감을 기르는 실천 방법

예감은 어느 날 갑자기 생기지 않는다. 정보를 수집하는 노력을 바탕으로 다양한 지식을 섭렵해야만 예감이 발동할 수 있다. 예를 들어 화장품 사업을 시작하겠다고 마음먹었다면 업계의 현황을 파악해야 한다. 인기 있는 브랜드, 브랜드의 특색, 많이 팔리는 아이템, 매장 분포 현황을 조사해보는 것은 기본이고 관련 업계 종사자도 만나 현장의 흐름도 확인해봐야 한다. 결국 나 자신이 그 분야의 전문가가 된다는 목표가 있어야 한다.

김병희 사장은 화장품 가게가 너무 늘어나 할인율이 높아진 시기에는 과감히 매장 수를 줄이기로 했다. 관광객이 늘고 판매량이 늘어나는 시기에는 화장품 공급량을 최대치로 늘렸다. 해당 분야에 대한 전문적 지식을 보유하고 있었기에 남들이 갖지 못한 예감을 바탕으로 현명한 판단을 할 수 있었다. 또 수년간의 검증 끝에 단독 브랜드를 출시해도 되겠다는 확신이 왔을 때에는 '클라뷰'라는 단독 브랜드를 출시했고, 단 몇 년 만에 200억 원에 이르는 매출을 이끌어냈다.

다음으로 끊임없이 관찰해야 한다. 2019년 여름 명동 핵심 상권에 휠라가 지상 2층 규모 매장을 오픈한 것을 필두로 명동에 신발 가게가 늘어나고 있다. 휠라는 명동 직영점을 폐점한 뒤 12년 만에 재입

성했다. 지난 봄에는 신발 편집 매장인 에스마켓 2개점 역시 명동에 문을 열었다. 이 같은 현상은 명동뿐만 아니라 홍대, 강남역 등 서울 주요 상권에서도 똑같이 벌어지고 있다. 외국인 관광객 감소와 온라인 쇼핑몰 증가로 직격탄을 맞은 화장품 매장이 신발 가게에 자리를 내어준 것이다.

실제로 명동 거리에 나가 보면 많은 외국인 관광객이 가족 단위로 신발을 구입하고 신발 매장의 쇼핑백을 들고 다니는 것을 쉽게 볼 수 있다. 명동의 상인들은 화장품 대신 신발이 뜨고 있다는 것을 이미 감지했다. 게다가 주 52시간 근무제가 시행됨에 따라 직장인들의 레포츠용 신발 수요도 늘었다. 최근에는 투박하게 생긴 신발인 '어글리 슈즈'까지 인기 패션 아이템으로 급부상했다. 유심히 관찰하면 트렌드가 어떻게 움직이는지 쉽게 파악할 수 있다. 소셜 미디어에 접속해봐도 트렌드의 변화를 쉽게 감지할 수 있다.

끊임없이 트렌드를 관찰하며 비즈니스 현장의 감각을 키워야 한다. 워라밸을 중시하고 점차 늘어나는 여가시간을 제대로 활용하려는 소비자들의 입맛을 만족시킬 수 있는 사업거리를 찾아야 한다. 또 1인 가구의 급격한 증가에 따라 혼밥, 혼술처럼 혼자서도 즐길 수 있는 공간에 대한 니즈에도 관심을 가져야 한다. 이러한 변화의 움직임은 정보수집과 관찰을 꾸준히 실천해온 사람들만이 한발 빠르게 감지할 수 있다.

8 머리를 채우지 못하면 통장도 채우지 못한다

"어릴 적 나에겐 정말 많은 꿈이 있었고, 그 꿈의 대부분은 많은 책을 읽으면서 생겼다고 생각한다."

_빌 게이츠

명동 부자들은 독서광

부자는 체력 관리뿐만 아니라 지적 성장을 위해 독서를 소홀히 하지 않는다. 특히 명동 부자들도 목표에 도달하는 과정 중에 많은 굴곡을 만났지만, 독서를 통해 얻은 지혜로 슬기롭게 헤쳐나갈 수 있었다고 입을 모은다. 독서를 통해 간접 체험을 할 뿐만 아니라 새로운 지식과 교양을 쌓았고 더욱 가치 있는 인생을 추구할 수 있었다고 한다. 하나같이 책에 모든 정답이 있다는 데 반론의 여지가 없다고 대답했다. 과연 명동 부자들은 어떤 책을 선호하고 어떤 독서 습관을 갖고 있을까?

황동하 사장의 성공담을 듣기 위해 사무실을 방문했다. 사무실이 마치 하나의 서재처럼 꾸며져 있어 깜짝 놀랐다. 한쪽에는 좋은 음향을 내는 스피커가 놓여 있고, 나머지 벽면에는 책이 빼곡하게 꽂혀 있었다. 해리포터 시리즈에서 고 정주영 회장의 자서전에 이르기까지 다양한 분야의 서적들로 가득했다. "독서는 나에게 큰 힘을 줍니다. 항상 책을 손에서 놓지 않죠. 사업을 하면서 방향을 못 잡을 때도 서점에 들러 아이디어를 구하고요. 서점에서 마음에 드는 제목의 책을 발견하면 사서 읽어보곤 합니다. 책을 통해 모든 걸 배운다고 생각해요. 실제로 독서를 통해 많은 것을 배우고 있죠."

책장에 꽂혀 있는 책 중 어떤 것들은 몇 번씩 반복해 읽었는지 책장 끝이 다 닳아 있었다. 특히 고 정주영 회장의 책을 좋아해 달달 외울 정도라고 했다. 평소 훌륭한 사람들의 업적을 접할 수 있는 자서전류의 책을 좋아하고, 열심히 일하고서 여행을 가기 위해 여행 서적도 많이 읽었다고 했다. 실제 80여 개국으로 여행을 다녀왔다고 한다. 불교에 심취해 불교 서적도 많이 소장하고 있었다.

맹시환 사장 역시 독서광이다. 몇 년 전 톨스토이의 글을 읽던 중 이제 남의 이야기를 그만 들으라는 문구를 읽고는 책장을 덮었다고 한다. 반드시 필요한 책은 읽어야겠지만, 이후 독서량을 줄이고 맹사장 자신의 내면의 소리에 집중하는 삶을 살고 있다. "책을 보지 말라는 이야기가 아니에요. 많이 보고 나서 읽을 필요가 없어질 때까지 읽으라는 이야기죠. 그때 독서량을 줄이라는 거예요."

김병희 사장 역시 독서 자체를 힐링이자 재충전으로 생각한다. 한 달에 두세 권은 반드시 책을 읽으려 한다. 주로 인문학이나 트렌드 변화를 읽을 수 있는 분야의 책을 고른다. 화장품 사업 자체가 중국과도 연관이 많아서 최근에는 중국 관련 책과 경제 분야 책도 많이 접한다. 명동 부자들 대부분이 항상 책과 서점을 가까이하고 있었다. 서점을 수시로 드나들며 원하는 지식과 정보를 담는 것을 게을리하지 않는 습관이 그들을 부자로 만든 것이다.

워런 버핏과 빌 게이츠의 독서법

워런 버핏도 "읽고, 읽고, 또 읽으세요!(Read, read, read!)"라고 말한 바 있다. 그는 한 인터뷰에서 자신이 세계적인 부호가 되기까지 책 읽기를 통한 조기 경제 교육이 가장 큰 힘이 되었다고 했다. 그는 주식 중개인이었던 아버지의 책을 어린 시절부터 읽기 시작해 주식과 투자에 관한 책들을 모조리 섭렵했다. 지금도 워런 버핏은 하루

중 3분의 1을 독서에 할애한다고 한다.

빌 게이츠 역시 "오늘의 나를 있게 한 것은 동네 도서관이다."라고 할 만큼 독서를 중요한 습관으로 꼽았다. 또 "내 아이들에게 당연히 컴퓨터를 사줄 것이다. 하지만 그보다 먼저 책을 사줄 것이다."라고 말했다. 세계적인 정보통신기술의 대가도 이처럼 독서의 중요성을 강조하고 있다. 과연 부자와 독서가 어떤 상관관계이기에 이토록 중요성을 강조하는 것일까? 왜 성공한 부자들은 하나같이 책 읽는 습관을 가진 것일까?

명동 부자들은 모두 경영, 경제, 사회의 흐름을 읽을 수 있는 책뿐만 아니라 인문학, 자기계발, 철학 등 다양한 분야의 책을 섭렵하며 인생의 가치관을 확립한 분들이었다. 그런 가치관을 가진 사람들만이 큰 부자가 될 수 있다. 책을 읽지 않아도 필요한 정보를 얼마든지 인터넷에서 얻을 수도 있을 것이다. 하지만 책은 분석과 조사뿐만 아니라 저자의 깊은 사고력과 인문학적 소양까지 더해진 지식의 복합 결정체다. 인터넷 검색을 통해 얻는 단순 상식과는 차원이 다른 수준의 지식을 담고 있다.

또 독서가 중요한 것은 정보를 수집하는 데 그치지 않고 생각하는 힘을 키울 수 있기 때문이다. 다른 사람의 이야기를 간접 체험함으로써 사고의 유연함도 기를 수 있다. 사고의 유연함은 치열한 사회에서 생존 방법을 찾고 살아남는 데 필요한 힘을 길러준다. 무엇보다 세상의 모든 일들을 직접 겪었을 때 수반되는 수많은 시행착오를 줄이고 시간 절약을 할 수 있다.

독서는 스트레스와 우울증 완화에도 도움이 된다고 한다. 영국의 한 연구팀에서는 독서와 산책, 음악 감상, 비디오 게임 등의 활동이 스트레스를 얼마나 줄여주는지 측정했다. 그 결과 6분 정도 책을 읽으면 스트레스가 68퍼센트 감소했고 심박 수가 낮아졌으며, 근육의 긴장도 풀어졌다. 음악 감상은 61퍼센트, 커피 마시기는 54퍼센트, 산책은 42퍼센트가량의 스트레스를 줄여주는 것으로 나타났다. 비디오 게임도 스트레스를 21퍼센트 줄였지만 심박 수는 오히려 높였다. 이렇듯 독서는 스트레스 감소 효과까지 가지고 있다.

영국 글래스고 대학 연구팀의 연구 결과에 따르면 '독서요법 치료'가 가벼운 우울증 완화에 효과가 있다고 한다. 연구진은 일반 병원에서 우울증을 진단받은 환자를 대상으로 절반은 우울증약을 복용하게 하고, 나머지는 치료용 책을 읽도록 했다. 치료용 책에는 불면증에 대처하는 방법처럼 우울증 환자들이 흔히 겪는 증상을 완화하는 내용이 담겼다. 그 결과 책을 읽은 환자들의 우울증 증세가 현저하게 완화됐다.

정독보다 꼭 필요한 독서를 하라

책과 친해지기 위한 방법에는 어떤 것이 있을까? 명동 부자들에게 자신만의 팁을 전수해달라고 했다. 그들은 모두 서점과 친해질 것을 조언했다. 쉴 틈 없이 바쁜 명동 부자들도 종종 큰 서점에 들러 베스트셀러를 확인한다고 한다. 그들이 서점에 가는 것은 트렌드 변화를 읽을 수 있고 고민에 대한 해결법도 찾을 수 있기 때문이다. 꼭 모든 책을 정독할 필요는 없다. 시간이 없으면 잠깐 서점에 들러 소제목만 빨리 읽어도 좋다. 책이 담고 있는 주제의 흐름을 빠르게 파악할 수 있다면 말이다.

또 반드시 한 번에 한 권씩 읽을 필요는 없다. 집에 한 권, 회사에 한 권, 가방에 한 권을 두고 동시에 읽어도 좋다. 그러면 완독해야 한다는 부담감에서 벗어날 수 있다. 여기저기 책을 놔두면 눈에 띄는 순간 집어 들어 단 몇 페이지라도 읽어볼 수 있다. 단 몇 페이지라도 읽어서 도움이 된다면 그것대로 의미가 있고 독서에 대한 강박관념에서 벗어날 수 있다. 만약 너무 어려운 책이라는 생각이 들면 과감히 다른 책으로 넘어가도 좋다.

《일독일행 독서법》을 쓴 유근용 저자는 한 권의 책을 읽고 한 가지만 실천한다면 원하는 삶을 살 수 있다고 말한다. 그는 부모님의 이혼과 새어머니의 학대 때문에 가출도 일삼고 문제아로 낙인 찍혔지만, 책을 읽고 난 뒤 독서 경영 컨설팅 CEO가 되어 완전히 새로운 인생을 살게 됐다고 한다. 그가 전하는 책과 친해질 수밖에 없는 비법은 아주 간단하다. '쉬운 책부터 읽는다', '책장을 구입한다', '책이 있는 곳을 약속 장소로 잡는다' 등 독서 초보자도 쉽게 접근할 수 있는 노하우들을 전하고 있다.

자신의 독서 수준이 어느 정도 갖춰졌다고 생각되면 히라노 게이치로가 《책을 읽는 방법》에서 소개한 독서의 양에서 질로 전환시키는 방법을 익혀보자. 그는 책에서 슬로리딩이라는 방법을 말하고 있다. 5년이나 10년 후를 위한 독서를 하라는 의미다. 지금 당장 효과가 나지 않더라도 긴 시간을 두고 책을 읽으면 생각을 깊이 있게 만들어주고 자신에게 꼭 맞는 교양을 제공한다고 한다.

이렇듯 시중에는 책을 읽는 방법에 관한 책이 무수히 많이 나와 있다. 독서법에 대한 책을 한두 권만 읽어보면 독서에 대한 감이 잡힐 것이다. 다양한 분야의 전문가들도 접근하기 쉬운 독서법을 많이 추천하고 있다. 독서를 재미있는 놀이로 생각하고 쉽게 접근하자. 독서도 습관이 되면 삼시 세끼를 먹듯 자연스레 몸에 밴다. 독서 습관이 몸에 배고 나면 자신이 관심을 갖는 분야의 책을 찾아 정독하면 된다. 독서와 관련된 여러 가지 책을 읽어보고 나에게 맞는 독서법을 찾아 탐험을 시작해보자.

제4장

월급을 포기할 것인가, 사업의 꿈을 포기할 것인가

: 제2의 명동 부자를 꿈꾸는 사람들을 위한 실천 팁 :

1 언제나 현금을 우선 확보하라

"당신의 현금흐름을 통제하라. 현금흐름 관리가 문제가 된다면 더 많은 돈과 관련된 문제를 해결하지 못한다. 현금흐름을 통제하지 못하는 사람들은 그것을 통제하는 사람들을 위해 일을 한다."

_로버트 기요사키

은행은 왜 월급쟁이만 좋아할까

현금흐름을 사람의 몸 속 생리작용에 비유하면 온몸을 순환하는 혈액으로 인식할 수 있다. 혈액은 우리 몸 구석구석을 돌아다니다가 한순간 막혀버리면 치명타를 입힌다. 우리나라 재계에서 손꼽히던 대우는 무리하게 해외 진출을 시도하다 현금 유동성이 부족해져 하루아침에 망해버렸다. IMF라는 위기의 순간에 버티지 못하고 그룹 해체라는 초유의 사태를 맞이한 것이다. 명동 부자 역시 현금흐름의 중요성을 강조한다.

"월급쟁이는 은행 가서 돈 빌려달라고 하면 돈 빌려주죠? S은행 다닌다, S그룹 다닌다 하면 다 빌려줘요. 못 빌려줘서 안달이죠. 그런데 사업한다고 나와서 은행 가서 돈 빌려달라고 해봐요. 빌려주나. 아주 까다로워요." 대기업 다니는 월급쟁이에게 은행에서 돈을 빌려주는 이유는 안정적인 직장이 보장해주는 월급 때문이다. 개인의 신용을 보고 빌려주는 것이 아니다. 월급이 매월 현금흐름을 보장해주기 때문이다.

자영업자에게 돈을 빌려줄 때도 마찬가지다. 처음 사업을 시작하는 사람은 현금흐름이 좋지 않을 거라 예상되기 때문에 대출하기가 어렵다. 부실이 염려되지 않을 때 비로소 은행에서는 대출을 해준다. 이러한 현금흐름의 기본은 직장인에게는 급여일에 꼬박꼬박 나오는 월급이며, 자영업자에게는 매월 들어오는 매출대금이다. 따라서 신용이 좋다는 것은 현금흐름이 좋다는 것을 의미한다.

S 사장은 회사를 나와 자신의 사업체를 운영하면서 절대로 빚을 지지 않겠노라 다짐했다. 이익은 시간이 지나면 개선할 수 있지만, 현금이 고갈되면 모든 것이 끝이라는 생각으로 사업에 임했다. 법인카드도 체크카드만 사용할 만큼 법인 자금의 현금 유동성을 매우 풍

부하게 확보했다. 그리고 건실한 현금흐름을 확보할 수 있으면 50퍼센트는 성공한 것이라고 봤다.

무엇보다 현금이 동나면 끝이라는 각오로 사업을 엄격하게 관리했다. S 사장은 회사에서 관리하는 엑셀 시트에 사업을 하면서 생길 수 있는 수많은 변수를 기록해두었다. 변수로 인해 발생할 수 있는 경우의 수도 함수식을 활용해 수천 가지를 설계해두었다. 어떤 변수로 인해 비즈니스가 어떻게 변할지, 현금흐름에 어떤 영향을 줄지를 수시로 체크한다고 한다. 예를 들어 금리가 0.5퍼센트 인상되었을 때 일어날 일들을 미리 산출해보는 것이다. 또 보험판매 시 손익이 어떤 방향으로 움직이는지, 어느 정도의 플러스와 마이너스를 기록할지, 또 판매율이 10퍼센트 떨어졌을 때 손익 변화가 얼마나 되는지 등을 미리 기록해둔 변수를 바탕으로 산출해 향후 1년간의 손익과 현금흐름을 파악했다.

물론 현금흐름만 지나치게 집착하느라 다른 기회를 놓치지 말라는 이야기도 덧붙였다. S 사장 역시 은행에서 명동 건물을 사라고 권유했을 때 대출을 받아야 한다는 사실 때문에 건물을 사지 않은 것이 아쉽다고 했다. 그래서 요즘은 다른 사람의 이야기도 좀 더 귀 기울여 듣는 편이라고 한다. 또 전문가들의 이야기를 많이 들어보고 스탠스를 조절하는 편이라고 한다.

항상 현금을 가지고 있어야만 리스크 관리가 된다

부동산 시세차익을 올리기 위해 레버리지 효과를 활용할 때에도 현금흐름에 유의해야 한다. 무리하게 투자하느라 대출 이자를 못 내거나, 공실 리스크를 생각하지 않고 자금 운용을 하면 레버리지 효과를 누려보지도 못하고 망하게 된다. 월 1억 원에 가까운 임차료가 들어와도 현금흐름을 관리하지 못하면 세금도 내지 못해 전전긍긍하지만, 월 1,000만 원이 들어와도 착실히 자금을 운용하면 또 다른 건물을 사기도 한다.

임차료나 매출대금만 믿고 유동성 자금을 확보하지 않으면 큰코다친다. 세금을 낼 때마다 소유하고 있는 부동산만 믿고 대출을 받았다고 가정해보자. 대출 원금은 매년 누적된다. 명동은 높은 임차료 탓에 내야 할 세금도 만만치 않다. 결국, 대출 잔액은 점점 늘고 유동성은 경색되는 자금의 악순환이 시작된다. 향후 1년간의 현금흐름을 미리 준비하지 않으면 안 된다.

만에 하나 건물주인 사장이 고령이어서 상속이라도 진행되면 상속세조차 감당하기 힘들다. 결국, 상속세 납부를 위해 건물을 헐값에 매도해야 할 것이고 매도한 가격의 절반을 세금으로 내게 될 것이다. 100억 원짜리 건물이라 해도 세금을 내고 대출을 상환하면 남는 돈이 20~30퍼센트 수준밖에 안 된다. 이처럼 큰 성공을 이루는 것만큼 현금흐름을 중요하게 생각해야 한다.

자영업자가 아닌 급여소득자도 마찬가지다. 기대 수명은 점점 길어지지만 소득 활동을 할 수 있는 시간은 점점 짧아진다. 향후 벌어들일 수입, 연령대별 지출, 목돈이 나가는 이벤트를 고려해 미래의 현금흐름을 설계하는 것이 무엇보다 중요해졌다. 금융회사에서는 은퇴와 관련된 다양한 노후 자금 프로그램을 마련해두고 있다. 이제는 누구나 자신의 기대수명을 고려해 현금흐름을 미리 확인하고 연령별 수입과 지출을 반드시 확인해봐야 한다.

원활한 현금흐름을 만들려면?

그리스신화의 영웅 오디세우스는 모험을 마치고 귀향하는 길에 세이렌이 사는 곳을 지나친다. 세이렌은 지나가는 선원들을 노래로 유혹해 이성을 잃게 만들고 배를 난파시키는 것으로 알려져 있었다. 오디세우스는 부하들에게 귀를 밀랍으로 막고 자신을 돛대에 묶으라고 명령했다. 자신이 어떤 명령을 내리더라도 절대로 자신을 풀어주어서는 안 된다고 당부했다. 세이렌이 살고 있는 곳으로 배가 들어가자 오디세우스는 노랫소리에 홀려 부하들에게 자신을 묶은 끈을 풀라고 명령했다. 하지만 아무것도 들을 수 없었던 부하들은 계속 항해했고 안전하게 항해를 마칠 수 있었다.

오디세우스가 세이렌의 유혹에 넘어갈 것에 대비해 자신의 몸을 배에 묶도록 한 행동을 심리학에서는 '행동 장치'라고 한다. 행동 장치는 원하는 결과를 얻기 위해 스스로 행동에 제약을 가하는 것을 말한다. 미래에 자신의 의지가 약해질 것을 파악하고 그에 대한 대책을 미리 마련하는 단순한 원리이지만 그 효과는 강력하다.

직장인이든 자영업자이든 원활한 현금흐름을 위해 행동 장치의 기능적 요소를 활용하면 도움이 된다. 매월 들어올 현금흐름을 위해 미리 나에게 행동 장치를 걸어두는 것이다. 급여소득자라면 매월 자금이 쌓이도록 자동이체를 설정하자. 정기적으로 매달 일정 금액이 자동으로 쌓이게 해둔 다음 그 돈은 없다고 여기는 것이다. 빨리 잊을수록 그 효과는 더 좋다. 집을 사서 돈을 집에 묶어두는 것도 좋다. 자영업자라면 매월 일정한 대출금을 상환하고 세금용 통장을 만들어야 한다.

S 사장은 아무리 이익이 올라가더라도 현금흐름이 나빠질 거라고 예상되면 선택하지 않는다. 그 대신 이익은 덜하더라도 현금흐름이 개선되는 쪽을 선택한다. 개인들도 이러한 원칙을 적용해보면 좋다. 자금을 펀드에 투입했을 때 이익이 올라가는 대신 현금흐름이 나빠질 것 같다면 투입 비율을 조정하면 된다. 당장 이익이 나지 않더라도 매월 적립식 상품으로 현금흐름을 좋게 하는 방법도 선택할 수

있을 것이다. 온몸을 돌아다니며 적재적소에 산소와 영양소를 공급하는 혈액처럼 자금의 순환도 원활하게 유지해야 한다는 점을 결코 잊지 말자.

2 돈에 이름표를 붙여라

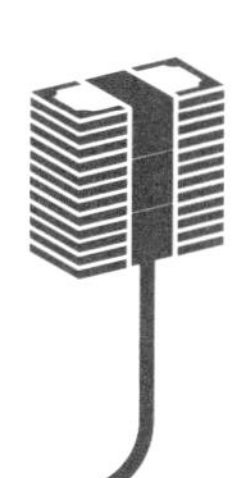

"인생의 목적과 그것을 성취하는 방법을 깨닫는 것이 바로 지혜다."

_레프 톨스토이

계란을 한 바구니에 담지 마라

재테크 기본 백서가 있다면 봉투분할법은 반드시 1장 1절에 나오게 될 것이다. 돈의 사용처나 목적을 봉투 겉면에 적고 돈을 나누어 넣는 방법이다. 생활비, 적금, 여유자금 등 자신의 생활에 맞는 제목을 정해 적어두고 용도에 맞게 돈을 꺼내어 쓰면 된다. 현실에서는 매번 봉투에 현금을 넣어둘 수 없으니 통장으로 대신하면 된다. 통장을 세 개 정도 만들어 목적별로 분류해 사용하는 습관이 쌓이면 기업회계를 하듯 수입과 지출에 대한 명확한 개념이 생기고, 절약하는 습관도 생긴다.

재테크 기술 중 가장 기본이지만 많은 사람이 번거롭다는 이유로 실제로 사용하지 않는다. 하지만 자동이체를 활용해 봉투분할법을 실천하는 현명한 사람들도 많다. 돈 관리를 잘하는 급여소득자의 경우, 급여일에 맞춰 모든 상품에 자동이체가 되도록 설정해놓고 용돈이나 생활비로 사용할 자금을 제외한 여유자금을 MMF나 CMA 계좌로 이체한다. 부자 역시 하나의 통장으로 관리하는 법이 없다. 명동 부자 역시 마찬가지다.

양날의 검과 같은 심적 회계

김병희 사장은 영업 소요비용과 이익자금을 엄격히 분리했다. 그는 각 매장에서 발생하는 이익금을 모아나가며 명동 건물을 사들였다. 맹시환 사장 역시 매장별 매출대금 관리에 철저하다. 매출대금이 들어오는 통장과 비용이 나가는 통장을 철저히 분리해 사용한다. 조귀현 사장 역시 자금을 여러 개의 통장으로 나눠 관리한다. A 통장에서 B 통장으로 이체를 할 때도 철저하게 메모해 관리한다.

명동 부자는 대부분 본인이 관리하는 통장을 정확하게 파악하고 있다. 사업체를 여러 개 보유하는 경우가 많다 보니 자금을 사용할 때도 철저히 분리한다. A라는 사업자 통장에서는 A 사업과 관련된 자금만을 쓴다. 수표를 끊더라도 철저히 각각의 통장을 분리해 해당 통장에서 인출된 수표만을 그 사업자 용도에 맞게 사용한다. 자금의 목적에 맞게 정확하게 분류해야 한다고 인식하기 때문이다.

자금의 규모가 크고 여러 개의 통장을 관리하는 만큼 자금의 흐름이 헷갈릴 수 있다고 예상한다면 큰 오산이다. 명동 부자는 사업자별 통장의 현황, 자금 목적에 맞는 사용, 잔액 현황, 현금의 흐름을 머릿속에 정확하게 파악하고 있다. 특히 수입과 지출을 철저하게 분리한다. 과거에 일어난 자금흐름에만 제목을 붙이는 것이 아니라 미래의 자금흐름도 역시 마찬가지로 관리한다. 대출 상환용, 신사업용, 세금납부용 등 제목과 목표를 이미 정해두고 있다.

통장에 제목을 붙이지도 않고 관리하면 어떤 낭패를 보게 되는지를 여실히 보여주는 사례가 있다. 어마어마한 임차료를 받으면서도 통장 하나로 관리하는 한 사장이 있었다. 그의 통장으로 임차료가 들어오자마자 대출이자, 공과금, 카드대금이 차례차례로 빠져나갔다. 임차료에서 어떤 명목으로 돈이 얼마나 빠져나가는지 파악도 되지 않았다. 남은 돈으로 몇 달에 한 번 정산해야 하는 부가세를 감당할 수 없었다. 세금을 내기 위해 추가 대출을 받아야 했고 이자 비용도 점점 늘어났다.

그런가 하면 관리의 효율성이 떨어질 정도로 통장 분리에만 집착해도 큰 효과를 보지 못할 수 있다. 바로 심적 회계의 오류라는 효과 때문이다. 배우 진 해크먼과 더스틴 호프먼은 젊은 예술가 시절부터 친구였다. 어느 날 호프먼이 해크먼에게 돈을 빌린 적이 있었다. 해크먼은 호프먼의 아파트를 찾아갔을 때 주방 조리대에 나란히 놓인 돈 통을 보았다. 그 통들에는 집세, 공과금 등의 이름이 붙어 있었다. 해크먼은 통에 돈이 많은데 왜 돈을 빌려야 하냐고 묻자 호프먼은 식료품 통을 보여주었다. 식료품 통이 텅 비어 있었던 것이다.

행동경제학의 개척자이자 노벨 경제학상 수상자인 리처드 탈러가 쓴 《넛지》를 보면 심적 회계를 체계화시켜 소개하고 있다. 심적 회계란 돈을 사용하면서 돈의 성격을 규정하는 것을 말한다. 다시 말해, 소비를 통제하기 위해서 활용할 수 있는 방법이다. 기업회계를 할 때 자산, 자본, 부채항목으로 나누듯 돈도 항목별로 분류해 회계해야 한다. 심적 회계에서 유의해야 할 점은 바로 주관성이다. 보통 사람은 모든 가능성을 고려해 합리적으로 돈을 쓰는 것이 아니라 마음의 회계 장부가 정한 대로 주관적으로 쓰기 때문이다.

심적 회계가 종종 소비자를 비합리적인 선택으로 이끌기도 한다. 돈을 어떻게 벌었든 똑같은 돈으로 취급해야 한다. 내 마음속에서 심적 회계를 잘못 설정하면 효율적으로 분배를 하지 못하는 오류를 범할 수 있다. 예를 들어 연말 세액공제로 더 받은 급여분을 공돈처럼 여기고 써버리거나, 복권을 사서 당첨이 되면 얼른 써야겠다고 생각하는 오류를 범하는 것이다. 심적 회계는 내 돈을 관리할 때 마음속으로 정리하는 보조 수단일 뿐, 절대적인 기준이 될 수 없다.

일상에서 사소하게 쓰는 돈까지 일일이 구분하는 것은 현실적으로 힘들다. 하지만 자신도 알게 모르게 나간 사소한 지출들을 하나로 묶어 별것 아닌 소비로 인식하는 것을 주의해야 한다. 아무리 작은 지출이라도 하나둘 쌓이게 되면 총지출은 눈덩이처럼 늘어나 있을 것이다. 이처럼 심적 회계는 잘 활용하면 현명한 회계를 하도록 도와주지만, 무턱대고 원칙만 지키려고 하다 보면 오류를 범하기 쉽다. 이러한 개념을 잘 인지해 적절하게 활용해 합리적인 소비와 체계적인 돈 관리를 해보자.

금융 상품을 적극 활용하자

어떻게 하면 체계적으로 돈을 분류하고 소비하는 습관을 지닐 수 있을까? 마음속 회계 장부를 이용해 교육, 자동차, 노후대비 등의 목적별 자금을 나누어두는 것은 바람직하다. 가령 저축한 돈을 예정보다 미리 꺼내면 약간의 페널티를 받도록 스스로 정해둔다. 저축의지를 높이는 동시에 돈 낭비를 막을 수 있는 방법이다. 하지만 심적 회계에 지나치게 연연해서 경직된 자금 관리를 하는 것은 좋지 않다. 모든 상황을 객관적으로 판단하고 비용을 지출하는 효율적인 자금 관리의 기술이 필요하다.

사업을 위한 자금처럼 거창한 제목이 아니더라도 '제주도 한 달 살기', '여름 휴가 하와이 여행', '블로거가 되기 위한 카메라 구매' 등 작지만 구체적인 제목부터 정해보자. 작은 실천에서 시작한 습관은 결국 큰 사업을 할 수 있는 습관의 기본이 된다. 돈에 제목을 붙이고, 제목에 맞게 사용하는 연습을 하다 보면 머릿속으로 현금흐름을 정리할 수 있고 효율적인 자금 관리도 할 수 있다. 해시태그(#)를 붙이듯 내 돈에 제목을 꼭 붙여보자.

돈에 이름표를 붙인다는 것을 너무 거창하게 생각할 필요는 없다. 최근에는 각 은행에서 부담없는 적금 상품들을 많이 내놓고 있다. 예를 들어 신한은행에서 출시한 '작심3일 적금'의 경우 매달 몇 십만 원씩 1~3년간에 걸쳐 저축하던 기존의 상품과 달리 적금기간을 6개월로 줄이고, 적금주기, 적금액 등도 고객이 마음대로 정할 수 있다. 적금 가입의 문턱을 낮추고 만기까지 쉽게 유지하도록 만든 상품이다. 자동이체가 완료되면 미션 성공 도장까지 찍어주는 카툰을 보는 묘미도 빼놓을 수 없다. 이처럼 다양한 방식의 금융 상품을 통해 통장에 이름 붙이는 습관을 워밍업해봐도 좋다.

3 마감기한과 약속을 목숨처럼 여겨라

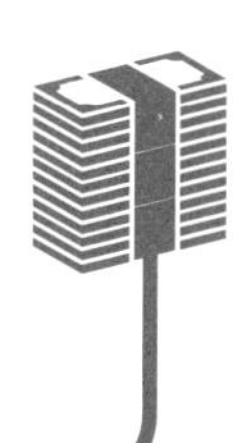

"매장을 하나 포기하더라도 결제일은 칼같이 지킨다."

_명동 부자 임대운 사장

신용은 장사의 밑천

'약속과 원칙을 지켜 신뢰를 형성하고 유지했던 경험에 관해 기술하시오.' 취업을 준비하는 취준생들이 준비해야 할 면접에는 항상 이런 질문이 따라다닌다. 한 회사의 신입사원을 뽑는 중요한 자리에서 이런 질문이 빠지지 않는다는 것은 신뢰가 사회생활에 있어서 얼마나 중요한 것인지를 알려준다. 가정의 일원이든 회사의 일원이든, 월급쟁이든 자영업자든 신뢰는 구성원을 서로 끈끈하게 이어주는 접착제 같은 것이다. 특히 자영업을 하는 사람에게 신뢰는 '신용'이라는 좀 더 구체적인 단어로 대체된다.

신용은 자영업자의 장사 밑천이다. 소비자는 물건이나 판매자에 대한 신용을 기반으로 구매를 결정하기 때문이다. 단순히 좋은 물건을 만들어내거나 오래 사업을 했다고 해서 신용이 쌓이지 않는다. 사업을 하는 사람은 신념과도 같은 사업 철학을 갖고 있어야만 신용을 쌓을 수 있다. 자신의 가게를 찾아준 고객이 사소한 불평이라도 하지 않는지 확인하고, 고객의 눈빛 하나 몸짓 하나까지 살피며 세심한 배려를 해야 하는 것은 기본이다. 평소 몸에 밴 습관 같은 행동들이 쌓여나갈 때 고객으로부터 신용을 조금씩 얻을 수 있다.

신용을 위해서라면 건물도 내놓는다

명동 부자는 어떤 마음가짐을 가지고 사업에 임하며 신용을 쌓았을까? 임대운 사장이 거래처와의 신용을 지키기 위해 어떤 노력을 했는지 물었다. 임 사장이 일본 호텔에서 오더 패션쇼를 하며 한창 일본 수출에 신경을 쓰고 있을 때였다. 어느 날 아침 사무실로 출근을 했더니 일본 바이어 세 명이 사무실로 와 있었다. 통역을 담당하는 직원은 무척 난감해하고 있었다. 상황을 들어보니 임 사장의 회사에서 수출한 스커트 500장에서 문제가 발생했던 것이다. 일본으로 수출한 스커트 옆단이 모두 틀어져 있었고, 일본 바이어들은 클레임을 제기하기 위해 임 사장의 사무실을 방문한 것이었다.

임 사장은 이제 막 비즈니스 파트너가 된 일본 바이어에게 실망을 안길 수는 없다고 판단했다. 그 자신은 누구보다 신용을 중요하게 생각하는 사람이었다. 일말의 주저함도 없이 그 자리에서 스커트 500장을 다시 제작해주겠다고 약속했다. 일본 바이어들은 새롭게 제작하는 것까지는 바라지 않았던 눈치였다. 하지만 임 사장의 약속에 무척 만족하며 500장의 주문 외에도 점차 주문량을 늘려나갔다. 자칫 거래처를 잃을 뻔한 위기였지만, 오히려 거래 관계를 돈독하게 하는 계기가 됐다. 임 사장의 사업 역시 매출이 점점 늘어났다. 신용을 지키기 위해 최선을 다한 임 사장의 진심이 통한 것이다.

임 사장은 2년 정도 걸려 중국에도 진출했다. 운 좋게 홍콩 출신의 비즈니스 파트너를 만나 좋은 관계를 유지하게 됐다. 홍콩의 파트너 사장은 임 사장의 상황을 잘 이해해주고 많은 도움을 주었다. 공장 운영도 세심하게 봐줄 만큼 의리가 있었다. 그 덕분에 기술력이 좋은 홍콩 주변과 손재주가 좋은 중국 북쪽 지역에 걸쳐 공장을 확보할 수 있었다.

반면 중국 내륙 지역은 사정이 조금 달랐다. 일제 강점기 시대의 나쁜 기억이 아직 많이 남아 있었다. 일본에 납품하는 물건을 제조

"명동 부자는 마감 시간에 임박해 가게로 손님이 들어와도 절대로 손님에게 영업이 끝났다고 말하지 않는다고 합니다. 자신의 가게를 찾아준 고마운 손님인 만큼 끝까지 최선을 다해야 한다고 생각하기 때문이죠. 사소하지만 친절한 배려 덕분에 명동 부자의 가게를 믿고 찾는 손님들이 많다고 합니다. 그만큼 자영업자들에게 있어서 신용은 사업 밑천이 아닐 수 없습니다."

한다는 것이 알려지면 중국사람들로부터 손가락질받기도 했다. 그런 이유로 일본 사람들은 중국에 직접 주문하는 경우가 드물었다. 임 사장은 그 틈새시장을 파고들었다. 중국공장은 임 사장에게 납품을 하고, 임 사장은 일본으로 판매를 하기로 했다.

한편 임 사장은 자신에게 많은 도움을 준 홍콩의 비즈니스 파트너에 대한 배려를 잊지 않았다. 한국에서 매출이 먼저 일어나면 매출대금을 받아 홍콩 사장에게 먼저 결제를 해주었다. 한 번도 결제 기일을 놓치지 않으려고 노력했다. 물론 신용을 목숨처럼 생각하는 임 사장에게도 위기는 있었다. 자금 유통이 원활하지 않아 결제가 어려웠던 적이 있었다. 설상가상 결제 기일과 중국의 춘절이 겹친 것이다. 춘절은 중국에서 아주 중요한 명절이라 자금 결제를 하지 않는다는 것은 있을 수 없다고 생각했다. 결국 임 사장은 신용을 지키기 위해 명동의 금싸라기땅에 있는 매장 하나를 팔아 결제 기일을 맞추어냈다. 홍콩의 파트너에게 기일을 조금 늦춰달라고 할 수도 있었겠지만, 자신의 매장이라도 팔아서라도 기일을 맞추어야 한다고 생각했다. 그것이 바로 임 사장이 생각하는 신용이었다.

중국에는 '콴시(關係)'라는 말이 있다. 우리 말로 관계를 말하는 '콴시'는 대개 이익을 얻기 위해 인맥을 동원한다는 말로 상용된다. 삼국지에 등장하는 유비, 관우, 장비가 도원에서 의형제를 맺는다는 데서 유래해 의리와 굳은 약속을 뜻한다고도 한다. 임 사장도 홍콩의 파트너와 서로 좋은 비즈니스 관계를 유지하기 위해 신용을 최우선으로 생각한 것이다.

맹시환 사장 역시 처음 맺은 비즈니스 파트너와 지금까지 거래하고 있다. 거래처를 한번도 바꾸지 않았다는 것은 신용을 바탕으로 관계를 맺지 않는 이상 불가능하다. 가끔 일정 수량 이상의 옷이 팔릴 때는 맹 사장이 거래처에 피자를 한턱내기도 하고, 거래처에서는 맹 사장의 직원들에게 떡을 맞춰 보내기도 한다. 이처럼 서로를 배려하는 작은 마음에서부터 신용은 조금씩 쌓여나간다.

조귀현 사장은 마감 시간에 임박해 가게로 손님이 들어와도 "손님, 영업이 끝났습니다."라는 말을 절대로 하지 않는다. 자신의 가게를 찾아준 고마운 손님인 만큼 끝까지 최선을 다해야 한다고 생각하기 때문이다. 사소하지만 친절한 배려 덕분에 조 사장의 가게를 믿고 찾는 손님들이 많다고 한다. 그만큼 자영업자들에게 있어서 신용은 사업 밑천이 아닐 수 없다. 물론 부자가 되기 위한 기본 요소이기도 하다.

보통 사람들은 신용이라고 하면 가장 먼저 금융기관을 떠올릴 것이다. 개인과 금융기관 사이의 신용도 소홀히 할 수 없는 부분이다. 은행은 기본적으로 연체를 좋아하지 않는다. 연체가 발생하면 신용원가가 올라간다. 대출이자율보다 신용원가가 올라가면 은행도 손실이지만, 고객 역시 신용등급이 하락해 대출금리가 가산되거나 한도가 줄어든다. 명동 부자들이 이를 모를 리 없다. 그들은 한 번도 대출이자를 어긴 적이 없다. 빚을 갚지 못하면 죽는다는 각오로 장사하는 그들이기에, 무리한 대출은 받지도 않는다. 또 금액이 큰 대출을 많이 받아도 자산 증대를 위한 도구로 사용할 뿐, 빚 때문에 끌려다니는 일이 없다.

명동 부자가 매일 은행을 찾은 이유

신용을 지키는 연습은 사소한 약속을 지키는 것에서부터 시작해 보자. 보통 사람들은 친한 사람들과의 약속을 오히려 잘 어긴다. 가족이나 직장동료와 무심결에 맺은 약속을 중요하게 생각하지 않는다. 명동 부자는 사소한 약속이라도 그냥 지나치는 법이 없다. 은행 직원에게 "내일 올게요." 하고 인사하고서 다음 날 급한 일정이 생겨 못 오게 되면 전화라도 반드시 남긴다. 내가 내뱉은 말 한마디 한마디에 책임을 다하는 자세야말로 신용을 쌓는 기본 습관이다.

돈과 관련된 마감 기한 역시 꼭 지켜야 한다. 명동 부자는 임차료의 납입 기한이나 공과금의 기일을 정확하게 지킨다. 명동은 임대인과 임차인이 거미줄처럼 얽혀 있어 서로 간에 돈이 오가는 경우도 많다. 아무리 큰돈이 왔다 갔다 하더라도 명동에서 돈 문제로 얼굴을 붉히는 일을 본 적이 없다. 그만큼 명동 부자들은 돈에 대한 마감 기한을 아주 정확하게 지킨다.

메모하는 습관을 기르면 신용을 지키는 데 많은 도움이 된다. 아무리 약속을 지키려 해도 누구나 깜빡 잊어버리는 경우가 있다. 작은 일이라도 메모하는 습관을 들이면 난감한 상황을 줄일 수 있다. 요즘은 스마트폰의 메모 기능이 잘되어 있으니 활용해보자. 특히 중요한 일정은 알람 설정을 해두거나 자신에게 예약 메시지를 보내두어도 된다.

신용이란 하루아침에 쌓이지 않는다. 작은 약속도 어기지 않는 세심한 습관에서부터 시작된다. 상대방에게 믿음을 주면 상대방 역시 나를 믿게 된다. 이는 인간관계의 근간이며 장사의 밑천임을 꼭 명심하자.

4 돈에 대한 확고한 철학을 가져라

"남들 다 한다고 그대로 따라 할 필요는 없다."

_명동 부자 맹시환 사장

밴드왜건 효과

퇴근하고 집에 들어와 TV를 켜면 홈쇼핑이 한창 방영 중이다. "오늘만 한정! 다시는 이런 구성 없습니다." 지금 안 사면 나만 바보가 될 것 같은 느낌에 얼른 주문하고 있는 자신을 발견한다. 평창동계올림픽이 한창이던 2018년 초, TV를 켜기만 하면 선수며 관중이며 온통 롱 패딩을 입고 있었다. 거리도 백화점 매장도 죄다 롱 패딩이 휩쓸었다. 롱 패딩을 입지 않으면 유행에 뒤처진 사람처럼 느껴지는 최면에 걸린 듯 지갑을 열고 롱 패딩을 구입한다.

이러한 군중심리를 '밴드왜건 효과(band wagon effect)'라고 한다. 밴드왜건은 악대가 탄 마차를 의미하는 말로, 미국의 근현대사에서 그 유래를 찾아볼 수 있다. 서부 개척 시대에는 금광을 찾아 떠나는 마차들이 지나가면 사람들이 너도나도 금광을 발견할 거라는 생각에 줄지어 따라갔다고 한다. 또 19세기 중반에는 선거운동을 하면서 서커스 악대를 태우고 화려하게 치장한 밴드왜건으로 사람들의 관심을 끌어모았다고 한다. 특별할 것 없는 마을에 밴드왜건이 나타나면 사람들은 신기해하며 꼬리에 꼬리를 물고 따라다녔다. 한때 동네에 소독차가 나타나면 어린아이들이 신나게 뒤따르던 우리나라의 풍경과 비슷하다.

즉, 밴드왜건 효과란 주변의 분위기에 영향을 받아 그대로 따라가는 경향을 말한다. 몇 년 전 갑자기 나타나 인기몰이를 했던 허니버터칩도 밴드왜건 효과로 설명된다. 온 나라에서 허니버터칩을 찾는 사람들 덕분에 정가보다 비싼 가격에 거래되기도 했다. 각 시대별로 이러한 밴드왜건 효과를 톡톡히 누린 물건들이 있다. 나이키 운동화가 처음 국내에 소개되었을 때도 마찬가지였다. 유럽으로 여행을 가는 학생들이 급격히 늘었던 90년대 시절에는 이스트팩 배낭이 인기를 끌었고, 최근에는 중고등학생 사이에서 노스페이스 패딩 점퍼가 히트를 치며 뉴스에 등장할 만큼 주목을 받았다.

어떤 상품이나 새로운 삶의 방식이 유행하게 되면 너도나도 선택을 해 더 많은 대중들이 유행을 따르게 된다. 간혹 밴드왜건 효과로 인해 주관이나 기호와 상관없이 무작정 유행을 따라 구매하기도 하고, 인기 연예인이 등장하는 광고를 보고 덜컥 구매를 결정하기도 한다. 하지만 부자가 되기 위해서는 유행을 따르려는 마음을 제어할 줄 알아야 한다. 명동 부자들은 스스로 분석한 자료를 토대로 판단한다는 원칙이 있다. 소신 있는 사고와 결정력이 그들을 부자로 만들어주었다. 보통 사람들과 차별화되는 그들만의 기준을 들어보자.

대중과 언론의 유혹에 흔들리지 마라

맹시환 사장은 오프라인 매장을 고집할 뿐, 온라인 쇼핑몰을 운용하지 않는다. 요즘 누구나 다 한다는 인스타그램 홍보조차도 하지 않았다. 종종 인스타그램에서 요즘 유행하는 옷이나 구두, 화장품을 확인하는 나로서는 온라인에 전혀 투자를 하지 않는 맹 사장에게 이유를 물었다. "맹 사장님, 인스타그램에라도 홍보하면 어떠세요?" 그러자 맹 사장은 "저는 온라인을 잘 몰라요. 남들 다 한다고 그대로 따라 하는 건 맞지 않다고 생각합니다."라고 답했다.

황동하 사장 역시 한창 인터넷 쇼핑몰이 붐을 일으킬 때 직원들에게 온라인으로 사업을 확장해야 한다는 조언을 들었다고 한다. "사장님, 난리 났어요. 빨리 온라인 판매를 시작해야 해요." 하지만 황 사장은 "어떻게 핏도 보지 않고 컬러도 보지 않고 클릭만으로 옷을 살 수 있어?"라며 오프라인 매장으로 승부수를 걸었다. 물론 명동 부자들의 선택이 항상 좋은 결과로만 이어지는 것은 아니다. 온라인으로 조금만 더 눈을 돌렸다면 나름대로 사업을 확장하는 결과를 얻었을 것이다. 하지만 황 사장은 어떤 변화나 유행으로 인해 시장을 들썩이게 만드는 이슈가 있어도 절대로 분위기에 휩쓸려 동요되면 안 된다는 것을 강조했다.

김병희 사장 역시 화장품 판매 사업을 하는 동안 직접 화장품을 제조해 판매하라는 권유를 많이 받았다. 하지만 당시에는 시장의 분위기나 주변의 권유에 휩쓸리지 않고 오히려 판매에 집중했다. 사업적으로 충분히 준비됐다고 판단된 최근에 이르러서야 비로소 화장품 제조회사를 설립했다. 오랜 시간 축적된 노하우를 바탕으로 기초 중심의 화장품을 제조하기 시작했고, 명동에서 갈고닦은 판매 실력으로 사업을 확장해나가고 있다. 김 사장은 차근차근 성장해나가는 회사를 만들기 위해 최선을 다하고 있다. 그러한 철학은 그가 만든 제품의 품질에도 반영되고 있다. 또한 회사를 키우는 것만이 능사가 아니라고 말한다. 탄탄한 기초를 가꿔주는 화장품을 제조하는 것처럼 기초가 탄탄한 회사를 유지하는 것을 최우선으로 여긴다고 한다.

월스트리트에 진짜 부자가 없는 이유

투자의 귀재, 오마하의 현인이라 불리는 워런 버핏은 미국의 중서부 네브라스카주의 오마하에 살고 있다. 채권왕 빌 그로스는 캘리포니아의 뉴포트 비치에 살고 있다고 한다. 세계적인 부자들이라면 월스트리트처럼 금융의 중심과 가까운 곳에서 늘 동향을 파악할 것이라는 예상을 빗나간다. 하노 벡의 《부자들의 생각법》에서는 부자들이 월스트리트로부터 떨어져 살고 있는 이유가 객관적 판단을 하기 위해서라고 설명한다. 남들과 똑같은 것을 보고 듣고 느끼면서 그들에게 둘러싸여 있다가는 특정 집단의 생각과 믿음과 감정에 얽매이기 때문이다. 자신이 투자를 한 시장으로부터 한 발짝 물러나서 바라볼 때 밴드왜건 효과와 같은 심리적 영향 없이 올바른 판단을 할 수 있다.

직장인들도 마찬가지다. 자신이 하는 일에서 한 발짝 물러나보자. 지금 자신에게 주어진 일을 달성하지 못한다고 해서 인생이 송두리째 날아갈 것처럼 생각할 필요 없다. 남들이 맞다고 말하는 길로 꼭 가야 할 필요도 없고, 남들처럼 똑같은 인생을 살 필요도 없다. 나름대로 최선을 다하고 나서 맞이하는 결과에 만족하고 승복하면 된다. 나만의 길을 꿋꿋이 가면 된다. 내가 처한 상황을 거리를 두고 바라보자. 한결 여유로운 생각, 객관적인 판단을 할 수 있다.

맹시환 사장은 오프라인 매장에서 고객들이 직접 옷을 입어보게 하고서 개개인에게 맞는 옷을 판매한다는 전략을 활용했다. 온라인 쇼핑몰이 기하급수적으로 늘어나는 시장의 변화를 보며 분명 명동 부자들도 마음이 흔들렸을 것이다. 하지만 남들이 하는 대로 따라 하지 않았다. 오히려 그런 마음이 들 때일수록 고객마다 다른 체형, 고객마다 어울리는 색감이나 옷감은 직접 입어보지 않으면 알 수 없다는 판단을 믿었다. 그리고 자신의 전략에 부합하는 오프라인 매장을 고수했고, 그 전략은 성공했다.

어떤 전략이든 사전 계획을 탄탄히 세워야 한다. 화장품 시장이 잘될 때 너도나도 화장품을 만들어 팔겠다며 시장에 뛰어들었다. 처음에는 각각의 고유한 특성을 가진 화장품들로 승부를 걸었지만, 결국 소비자 입장에서는 별다를 바 없는 똑같은 중저가 화장품이 되어버렸다. 김병희 사장은 특별할 것 없고, 남들이 다 흉내 내는 화장품 브랜드에는 관심조차 없었다. 다른 화장품 브랜드를 따라 섣불리 시장에 뛰어들지 않고 화장품 시장 전체를 파악하며 기회를 기다려왔다. 새로운 시도를 할 때는 충동적으로 결정하는 것이 아니라 A부터 Z까지 모든 것을 사전에 조사하고 계획해야 한다. 밴드왜건 효과에 휩쓸리지 않고 꿋꿋이 나아가기 위해선 반드시 자신만의 철학과 사전 계획을 확립하는 것이 필수다.

5 월급쟁이가 부러우면 사업하지 마라

"99퍼센트의 사람들이 자신의 인생을 무엇에 걸 것인지 결정하지 않고 살아간다."

_손정의

월급은 마약이다

한 달에 한 번 받는 단비 같은 월급에 한 달 내내 직장에서 받던 핍박과 스트레스가 한 방에 날아가는 경험을 월급쟁이라면 누구나 해봤을 것이다. '월급은 통장을 스칠 뿐'이라는 제목의 노래가 등장할 만큼 많은 직장인들이 월급에 울고 월급에 웃는 삶을 살아가고 있는 현실은 이제 우리 사회를 설명하는 대표적인 풍경이다.

맹시환 사장은 한 달에 한 번 받는 월급을 마약이라고 했다. 좀처럼 끊을 수 없는 것, 달콤한 중독, 순간의 즐거움이라고 말이다. 돈의 노예가 되면 쉽게 돈을 끊을 수 없는 두려움에 금단현상마저 생긴다. 설상가상 퇴사했을 때 남들이 나를 바라보는 시선, 사회적인 인식을 무시할 수 없다. 특히 노심초사 자식이 잘되기를 바라는 부모님을 생각하면 도저히 직장을 그만둘 용기가 생기지 않을 것이다. 하지만 명동 부자는 과감히 월급을 끊을 수 있는 용기가 있어야 부자가 될 수 있다고 입을 모은다.

명동 부자들은 세상의 모든 월급쟁이들이 돈을 버는 데에만 관심이 있다며 아쉬워했다. 월급만 바라보며 하루하루 버티기를 하는 수동적인 삶의 방식을 버리고 자신의 인생을 좀 더 주도적으로 만들어 나가라고 충고한다. 세간을 떠들썩하게 만들며 성공한 사람들 역시 대부분 '안정적인 직장'을 포기하고 맨땅에 헤딩한 경우가 많다. 삶의 방식을 바꾸는 데는 당연히 용기가 필요하다. 월급과 안정적인 직장을 버리고 사업을 시작한다는 것은 그만큼 대단한 두려움을 극복해야 한다는 말이다.

물론 안정적인 직장생활을 하며 평범한 인생을 살아가는 것도 인정받아 마땅한 삶의 방식이다. 은퇴하는 날까지 꾸준히 저축해 걱정 없는 은퇴 생활을 준비하며 살아가는 것도 성공적인 삶이다. 하지만 조금 더 특별한 인생을 살고 싶다면 자기만의 사업을 해보라고 명동

"누구든 당장 안정적인 직장을 때려치울 용기는 없습니다. 더구나 계획 없이 직장을 그만두는 것은 무모하고 우발적인 행위죠. 반드시 퇴사 전에 계획을 철저히 세워야 합니다. '회사 따위는 빨리 때려치우고 사업이나 해야겠다'는 얕은 생각만으로 섣불리 뛰어들었다가는 실패하기 십상입니다. 확고한 목표의식을 가지고 계획을 세우도록 하세요. 이직하든, 사업을 시작하든, 치밀하고 철저하게 준비해야 합니다."

부자들은 권유한다. 명동 부자는 열심히 공부해 안정적인 직장을 얻는 것을 다음 단계로 도약하는 과정 정도로만 생각하고 있었다.

많은 사람이 삶의 초반에는 학교를 졸업하고 직장에 들어가는 길을 정해둔다. 로버트 기요사키는 《부자 아빠 가난한 아빠》에서 학교는 직장을 찾기 위한 과정일 뿐, 진정한 삶의 길을 찾아주지 않는다고 말한다. 산업화 시대에는 열심히 공부해서 안정적인 직장을 얻는 것이 미덕이었다. 하지만 이제 우리는 더 이상 산업화 시대에 살지 않는다. 시대가 변한 만큼 학교에 대한, 직업에 대한, 부에 대한 사람들의 생각도 달라져야 한다.

인생의 큰 그림부터 그리자

누구든 당장 안정적인 직장을 때려치울 용기는 없다. 더구나 계획 없이 직장을 그만두는 것은 무모하고 우발적인 행위다. 반드시 퇴사 전에 계획을 철저히 세워야 한다. '회사 따위는 빨리 때려치우고 사업이나 해야겠다'는 얕은 생각만으로 섣불리 뛰어들었다가는 실패하기 십상이다. 확고한 목표의식을 가지고 계획을 세우도록 하자. 이직하든, 사업을 시작하든, 치밀하고 철저하게 준비해야 한다.

S 사장은 인생의 큰 그림 그리기를 추천했다. 지금껏 자신이 살아

온 인생을 뒤돌아보니 10년을 주기로 큰 변화가 있었다고 한다. 그 후 10년 단위로 인생 계획을 짜서 실천에 옮기고 있다. 인생의 롱텀 비전과 일맥상통한다. 인생의 큰 줄기를 관통하는 일관된 비전을 세워두면 크고 작은 시련에도 우왕좌왕하지 않고 전진할 수 있다. 간혹 인생에서 샛길로 빠지더라도 다시 목표를 향한 큰길로 돌아올 수 있는 이정표가 된다. S 사장 역시 큰 미래를 그리며 인생을 계획해왔다. S 사장은 40대 초반에 자신의 10년 단위 계획을 세우면서 50세가 되면 자신의 사업을 하리라 마음먹었다. 정말로 50세가 되어서 비즈니스를 시작했고 명동 부자로 거듭날 수 있었다.

인생의 큰 계획을 세우고 나면 세부적인 계획은 머릿속에서 그리면서 수시로 변경하면 된다. 인생의 작은 그림들은 그때그때 유연하게 대처하며 그려나가면 된다. 마이크로소프트사에서는 3개월 단위로 사업계획을 세운다고 한다. 급변하는 세상 속에 빨리 적응하려면 작은 계획들을 유연하게 바꾸며 노선을 변경해나가야 하기 때문이다. "우리나라 대기업은 연간 사업계획을 세우잖아요? 연말에 바쁜 직원들을 불러 모아 내년도 사업계획 짤 시간이 어디 있나요? 계획이란 좀 더 길게 바라보는 거예요. 내 인생의 사업계획 역시 마찬가지입니다."

월급쟁이가 사업을 못 하는 이유

인생의 큰 그림이란 결국 나의 꿈을 의미한다. 꿈을 찾는다는 것이 결코 쉬운 일은 아니다. 때로는 꿈을 찾는 데 오랜 시간이 걸리기도 한다. 평범한 은행원에 불과한 나 역시 둘째 아이를 갖고 휴직을 하는 기간 중에 비로소 꿈이라는 것을 꾸게 됐다. 스티브 잡스의 스탠퍼드 졸업식 연설문을 읽다 나의 꿈이 무엇인지 떠올려본 것이 계기였다. 그때 떠올린 나의 꿈은 책을 쓰는 것이었다. 그때 낳은 둘째 아이가 이제 여덟 살이니 책을 쓰겠다는 도전이자 꿈을 이루기까지 7년이라는 시간이 걸렸다. 명동 부자들도 자신만의 꿈을 찾고 실현하기까지 대부분 10년 이상의 시간이 걸렸다고 한다.

만약 자신의 꿈을 주변에 이야기했을 때, 무모하다거나 미쳤다는 반응을 마주하게 된다면 기뻐해도 된다. 그런 반응들은 자신에게 변화가 시작되었음을 의미한다. 자신이 걷는 길이 모호할수록 타인들은 더욱 큰 목소리로 자신을 위협할 것이다. 철학자이자 소설가인 알랭 드 보통도 《불안》이라는 책에서 자신의 삶을 타인에게 맡기면 두렵고 불안에서 벗어나지 못한다고 했다. 하지만 변화의 싹이 트기 시작해야만 비로소 도전할 용기도 생긴다. 세상이 정한 기준을 위해 달리지 않고 자신만의 기준을 위해 달리면 평범한 삶이 아닌 더 나은 자신만의 삶을 살 수 있다.

매달 말 월급이 들어오기를 손꼽아 기다리는 내가 아닌, 세상의 기준을 뛰어넘는 새로운 도전에 용기를 낼 수 있는 나로 만들자. 절대로 세상이 정한 기준에 나를 맞추지 말고 또 다른 나를 직접 브랜딩하는 것이다. 그 길이 순탄치는 않겠지만, 그만한 가치를 우리에게 전해줄 것이다. 자신만의 사업을 시작하는 것. 목표를 위해 용기를 가지는 것. 철저하게 계획을 세우는 것. 이 세 가지 당부는 명동부자들이 평범한 월급쟁이에게 가장 전하고 싶은 말이라고 한다. 누구나 부자가 될 수 있고 누구나 꿈꿀 수 있다는 희망과 함께.

6

사업은 일사천리, 주식은 대기만성

"10년 동안 보유할 주식이 아니라면 10분도 보유해서는 안 된다."

_워런 버핏

포트폴리오의 관점에서 접근하라

얼마 전 가상화폐 가격의 폭락으로 한 대학생이 자살했다는 뉴스가 있었다. 원금 2,000만 원으로 투자를 시작해서 2억 원을 벌었다가 다시 2억 원을 잃었다고 한다. 또 다른 20대 젊은 여성은 가상화폐와 주식에 수천만 원을 투자했다가 손해를 보고 결국 목숨을 끊었다. 무리하게 돈을 끌어다 썼다가 손실로 인해 빚 독촉에 시달렸다고 한다. 변동성이 큰 주식이나 가상화폐에 투자했다가 가격이 일제히 하락하면서 그 충격을 견디지 못하고 자살이라는 극단적 선택을 하는 안타까운 사연이 종종 들려온다.

투자한 자산의 가치가 하락하면 최악의 상황까지 가지 않더라도 우울증, 수면장애, 가정불화에 이르기까지 많은 문제를 일으킨다. 특히 주식이나 가상화폐는 하루에도 큰 폭의 변동성을 보이는 자산이다. 등락폭이 요동을 치면 정상적인 생활을 하기 어려울 만큼 빠져들게 된다. 언젠가 한 고객은 주식에 투자하는 전문가를 고용해 큰 규모의 자금을 움직이기도 했다. 그의 자금을 매매하는 사무실에 들어가면 숨도 쉬지 못할 정도의 긴장감이 감돌았다. 초 단위로 움직이는 숫자에 눈을 떼지 못할 뿐 아니라 엄청난 스트레스와 압박감이 밀려오는 것을 견디지 못하고는 결국 주식 투자를 포기했다.

명동 부자는 기본적으로 본업에 충실해야 하고, 주식투자를 포트폴리오의 일부로 구성해야 한다고 충고한다. 실시간으로 움직이는 주가에 정신을 팔리기 시작하면 본업에 소홀해지기 쉽다. 심한 경우에는 본업과 주식투자라는 부업이 뒤바뀌기기도 한다. 주식에 들어가는 자금도 어마어마해진다. 100퍼센트의 승률을 보장할 수 없으므로 결국 큰 금액의 손실로 이어질 가능성이 크다. 과연 명동 부자들이 주식을 운용하는 방식에는 어떤 차이가 있을까?

명동 부자들이 주식을 거래하는 법

김병희 사장은 IMF 이후 주식을 시작했다. 처음에는 투자자문사와 계약을 맺고 20억 원 정도의 자금으로 운용했다. 김 사장은 자문사에 운용을 일임하면서도 마음이 놓이지 않아 직접 하나하니 적어나갔다. 투자자문사에서는 다양한 포트폴리오에 적합한 상품을 제안하기도 하고, 좋은 주식도 많이 추천해주었다. 하지만 주식은 변동성이 큰 투자 분야일 수밖에 없다. 가격이 오를 때에는 많이 오르지만, 가격이 하락할 때 역시 급격하게 떨어진다. 자연히 주식에 신경을 많이 쓰게 되었고, 김 사장은 본업에 충실하지 못하고 있는 자신을 발견했다고 한다.

김 사장은 주식을 통해 수익을 얻으면 수익보다 경험을 얻었다고 생각하고 객관적 판단을 할 기회로 삼아야 한다고 조언한다. 무엇보다 수익의 유혹에 빠져 본업에 소홀해지면 안 된다. 카지노나 경마와 같은 도박에서 크게 한 방 벌고 나면 또다시 돈을 벌 수 있다고 착각하는 사람이 많다. 실낱같은 확률게임에 희망을 걸고 재산을 탕진하는 것은 한순간이다. 주식에도 도박의 속성이 있다. 한 번 이익을 내면 항상 수익을 낼 수 있다는 착각에 빠질 수 있다. 아무리 분석을 잘한다고 해도 예상치 못하게 시장의 여건이 나빠지면 손실의 폭은 커진다. 그 손실은 온전히 자신이 떠안아야 한다. 더욱이 손실이 나기 시작하면 온 신경이 주식에 집중되어 본업에 충실하지 못하게 된다.

길을 걷고 있다고 생각해보라. 자신이 가고자 하는 길을 뚜벅뚜벅 걸어가고 있는데 샛길이 나타났다. 꽃이 가득하고 자신이 가려던 목적지까지 순탄하게 갈 수 있어 보인다. 샛길로 빠져 잠시 꽃향기에도 취해보고, 빠른 지름길이라는 착각에 빠져보기도 한다. 하지만, 정작 자신이 가고자 했던 길에서 점점 멀어지고 있는 것을 알아차리지 못한다. 그저 눈앞에 아른거리는 환상의 유혹을 이기지 못하고 편해 보이는 길로 계속 걸어간다. 그 길의 끝에 무엇이 있을지 아무도 모른다. 낭떠러지를 만날 수도 있다. 만약 자신이 가야 할 방향과 맞지 않다면 빨리 원래 자리로 되돌아와야 한다. 이때 중심이 잘 잡혀 있는 사람은 금방 원래 자리로 되돌아오지만, 중심이 잡혀 있지 않은 사람은 원래의 자리로 돌아오지 못하는 경우도 많다고 김 사장은 충고한다.

또 다른 명동 부자인 J 사장도 주식에 대한 쓰린 기억을 갖고 있다. IMF의 상흔이 끝나갈 무렵, 중학교를 중퇴한 사람이 200만 원을 주식에 투자해 수백억 원대 자산가가 됐다는 뉴스가 나왔다. 언론에서는 벤처 기업이 한창 붐이라는 뉴스와 맞물려 주식으로 떼부자가 된 사람들의 이야기가 자주 등장했다. 처음에는 주식에 전혀 관심이 없던 J 사장도 여기저기서 들리는 주식 소식에 관심을 가져보기로 했다. 처음에는 너무 열심히 일만 하는 것보다 조금 쉬면서 3개월 정도만 주식을 해보자는 생각으로 시작했다.

당시에는 지금처럼 모바일이나 인터넷으로 쉽게 주식거래를 할 수 없었다. 오로지 증권 회사의 객장에 나가서 전광판을 보며 직접 거래를 해야 했다. J 사장은 3개월 내내 객장에 매일 출근하다시피 했다. 코스닥 주식이나 벤처 기업이 한창 붐이라는 증권 회사 직원의 말만 믿고 덜컥 투자했다가 손실이 커지기 시작했다. 결국, 투자금이 반토막이 되고 나서야 손절매했다. 그때 J 사장은 한창 일해야 할 시기에 주식에 빠질 수 없다고 다짐했다고 한다.

주식에 다시는 투자하지 않겠다는 다짐에도 불구하고, J 사장은 손절매한 종목을 확인했다. 그런데 그 주식의 가격이 엄청나게 올라 있었다. 그 순간 J 사장은 자신이 주식과는 맞지 않는다고 결론을 지었다. 주식을 하다 보면 자신도 모르게 규모가 커진다. 항상 수익을 보장하지도 않는다. 손실금액이 걷잡을 수 없이 커지기도 한다. 포트폴리오의 일부로 조금씩 쪼개어서 장기적으로 투자하는 것은 몰라도, 본업에 영향을 미칠 만큼 매일 주가표에서 눈을 떼지 못한다면 J 사장처럼 과감하게 멈출 줄도 알아야 한다.

반면 맹시환 사장은 가장 선호하는 투자 분야가 주식이라고 한다. 맹 사장이 투자의 대상을 찾을 때 쓰는 방식은 일상생활을 잘 살피는 것이다. 예를 들면 사람들이 어떤 치약을 쓰고 있는지, 왜 그 치약을 쓰고 있는지, 그 치약을 만드는 회사에 장기투자할 가치가 있는지를 생각하는 식이다. 스마트폰을 사용할 때도 마찬가지다. 자신이 어떤 앱을 사용하고 있는지 살핀다. 그 앱을 왜 사용하고 있는지 확인해보고, 앱을 개발한 회사에 장기투자할 가치가 있는지를 살펴본다고 한다.

만약 맹 사장 자신이 좋아하는 아이템에 투자가치가 있다고 판단되면 그 회사의 주식을 사서 장기보유한다. 이렇게 일상생활에서 관찰하다 보면 좋은 투자 아이템을 발견할 수 있다고 한다. 이런 방식으로 주식에 투자를 한다면 투자에 대한 판단 기준도 쉽게 흔들리지 않는다. 확실한 근거가 마련되니 실패를 줄여나갈 수도 있다. 일상생활 속에서 투자 아이템을 발견하고 약간의 용기만 더하면 괜찮은 비즈니스 아이템으로 발전시킬 수도 있다. 이렇게 맹 사장처럼 하루하루 변하는 작은 움직임을 관찰하는 것이 아니라 성장 가능성이 있는 좋은 주식을 찾아내어 꾸준히 갖고 있는 전략을 바이 앤 홀드(buy & hold) 전략이라고 한다.

크리스마스 카드는 1월에 사라

워런 버핏은 가치투자란 크리스마스 카드를 1월에 사는 것이라고 했다. 12월에 1,000원에 판매하는 크리스마스 카드를 다음 해 1월에 사면 절반 가격인 500원에 살 수 있다. 카드를 1월에 500원에 사두었다가 그해 크리스마스에 쓴다면 투자금 100퍼센트의 이익을 얻는 것이다. 가치가 있는 물건을 저렴한 가격에 사는 것, 이것이 바로 가치투자다. 투자를 염두에 두고 있는 사람이라면 항상 기본적으로 익혀야 할 주식투자 방법이다.

또 버핏은 우량주를 선정해 장기 보유해야 한다고 말했다. 주가가 오를 때 그 주식을 사고 싶고, 주가가 내릴 때 그 주식을 팔고 싶은 게 일반 투자자들의 마음이다. 이런 유혹과 두려움을 이겨내고 주식을 장기 보유를 한다는 것은 생각처럼 쉽지 않다. 그만큼 주식 투자는 철저한 계산을 통해 원칙을 세워서 임해야 하고, 투자자는 한번 세운 원칙을 흔들림 없이 지켜야 한다. 가치 있는 종목에 장기 투자를 할 것이 아니라면 일찌감치 주식이라는 세계에 발을 담그지 않는 편이 낫다. 주식보다 더 중요한 나의 본업에 충실하자.

7 합리적 선택도 다시 한번 따져보라

"인생은 문제 해결의 연속이다."

_칼 포퍼

정박 효과에 휘둘리지 마라

항구에 배가 정박하면 닻(anchor)을 내린다. 닻은 배가 일정 거리 이상 움직이지 못하게 제어하는 역할을 한다. 특정 사물이나 숫자가 닻과 같은 역할을 하며 인간의 행동을 일정 범위 이내로 제한하는 것을 행동경제학에서는 정박 효과(anchoring effect)라고 부른다. 특정 집단을 위한 의도를 가지고 여론을 조작해 사람들의 판단이나 행동을 자신들이 원하는 방향으로 이끌어가는 선전(propaganda)과는 조금 다르다.

예를 들어 집값을 추정할 때 공시지가라는 가격 기준이 등장한다. 공시지가에 따라 매수, 매도 가격을 정하게 된다. 마트에서는 할인하는 제품의 상품원가를 함께 적어둔다. 그러면 소비자들은 원가와 할인가를 비교하면서 "원가보다 싸게 팔고 있으니 사야겠다."라고 생각의 범위를 좁히게 된다. 이렇게 머릿속에 기준점을 정하는 것을 정박 효과라고 한다. 때때로 정박 효과는 소비자를 들었다 놨다 하며 올바른 판단을 방해하기도 한다.

편의점은 정박 효과 마케팅이 절정을 이루는 장소다. 편의점에는 소비자가 맨손으로 나갈 수 없도록 현혹하는 문구들이 즐비하다. 마감 세일을 하고 있는 백화점도 마찬가지다. 특별히 살 것이 없어도 마감을 앞둔 백화점의 슈퍼를 돌아다니다 보면 지금 꼭 필요하지 않은 물건들을 사게 된다. '1+1', '2+1', '세트 할인'으로 묶어 판매하는 기업의 정박 효과 전략에 매일같이 앵커링을 당하고 있다.

은행 창구도 마찬가지다. 직원이 권유한 투자상품에 쉽사리 결정을 내리지 못하는 고객을 종종 본다. 그때 은행직원이 선택지를 좁혀 "고객님, A로 할까요, B로 할까요?"라고 물어보면 대부분 고객들은 반응을 보인다. 이러한 정박 효과는 다양한 마케팅 기법으로 활용되고 있다. 인간의 심리를 교묘하게 이용하는 마케팅 기법들의 실체를 파악해두어야 구매를 결정하는 순간 좀 더 합리적인 선택을 할 수 있다. 그렇다면 음식점, 마트, 백화점 등 소비재를 판매하는 무수한 상점에서 활용하는 이 정박 효과가 도대체 부자가 되는 것과 무슨 상관이 있을까?

진짜 부자들은
가짜 정보를 판별하는 눈을 가지고 있다

명동 부자들은 정박 효과에 휘둘리지 않는다. 명동 부자는 자금을 운용할 때 자금 스케줄을 최우선으로 판단한다. ELS의 경우 주가와 연계되는 상품의 특성상 자금이 필요한 순간에 상환되지 않을 가능성이 있다. 평소 ELS를 선호하는 고객들은 직원이 어떤 감언이설로 권유해도 자금 스케줄과 맞지 않는다면 가입하지 않는다. 명동 부자들도 "6개월 안에 상환될 가능성이 큽니다."라는 정박 효과에 휘둘리지 않았다.

은행에서는 매월 또는 매 분기에 추천상품을 정한다. 특히 투자상품의 경우 은행의 하우스뷰, 즉 일관된 중단기 투자전략을 담은 상품들이 출시된다. 직원 개개인의 추천이 아니라 은행 자체적으로 시황에 맞는 상품을 시의적절하게 안내하기 위해서다. 명동 부자들은 이런 은행의 추천 상품 역시 쉽게 결정하지 않는다. 은행이 제시하는 하우스뷰가 아무리 매력적이어도 직접 확인하지 않고는 선택하지 않는다.

돌다리도 두들겨보고 건넌다는 말처럼 부자는 상품 가입 후 발생할 수 있는 다양한 가능성들을 확인해본 다음에야 비로소 판단한다. 상품을 안내하는 직원으로서도 상품에 대한 철저한 준비를 하지 않을 수 없다. 반대로 명동 부자 스스로 꼭 필요하다고 판단한 상품에 대해서는 오히려 많은 설명이 필요하지 않다. 이미 고객의 입장에서 충분히 조사한 상품이기 때문이다.

은행에서 근무하다 보면 은행 캠페인이나 프로모션 상품을 판매해야 하는 경우가 있다. 그럴 때는 여러 가지 구실을 만들어 상품을 판매하기보다 솔직하게 부탁을 드린다. 고객의 성향이나 자금 현황과 맞지 않는 상품을 판매하기 위해 괜히 머리를 굴렸다가는 오히려 신뢰가 깨질 수 있기 때문이다.

명동 부자들도 수십 년 동안 수많은 은행원을 만나왔을 것이다. 그분들은 은행의 직원이 자신에게 권하는 상품이 진심으로 자신을 위한 것인지 캠페인용으로 나온 것인지 너무나 잘 안다. 비단 금융기관과의 거래뿐만 아니라 다른 비즈니스 파트너와의 협상의 단계에서도 주변의 요인에 흔들리지 않는 결정을 내릴 때 객관적이고 합리적인 선택을 할 수 있다.

나에게 꼭 필요한 것인지 물어보라

스타벅스에서는 BOGO(buy one get one)쿠폰을 수시로 뿌려준다. 공짜 쿠폰을 받으면 굳이 스타벅스에 가서 커피를 사 먹을 생각이 없었어도 친구를 데리고 방문한다. 마트에 갔더니 클렌징폼이 1+1 행사를 하고 있다. 마침 클렌징폼을 살 생각이었으므로 당장 두 개가 필요하지는 않아도 이득이라 생각하고 구입한다. 홈쇼핑에서 오늘만 한정이라는 문구와 함께 추가 구성품을 많이 보내준다고 하니 구매 결정을 한다. 막상 택배로 받아 보면 그렇게 많은 양이 필요하지 않을 것 같아 주변 사람들에게 조금씩 나누어주고 만다. 결국 우리는 쓰지 않아도 될 돈을 또 쓰고 만 것이다.

이런 정박 효과에 휘둘리지 않기 위해 꼭 필요한 경우가 아니라면 한 개씩만 사는 방법을 추천한다. 싸게 느껴지는 행사 상품, 추가 구성이라는 정박 효과에 휘둘리지 말고 원래 자신이 사려고 했던 그 상품을 한 개만 사는 것이다. 여유분을 구입하면 헤프게 쓰게 된다. 딱 한 개만 사서 사용하는 습관을 들이면 아껴 쓰는 버릇까지 몸에 배게 되니 일거양득이다.

소비재를 구매할 때도 자신이 그것을 사야 하는 이유가 이해될 때까지 질문해보자. 상품을 판매하는 사람이 자신에게 권하는 이유를 생각해보고, 자신이 그 상품을 선택했을 때 얻게 될 득과 실을 따져보는 것이다. 시쳇말로 판매자가 권한다고 덜컥 선택했다간 호구가 될 뿐이다. 판매자에게 질문을 해보는 것도 정박 효과를 회피하는 좋은 방법이다. 누구나 질문을 받으면 긴장하기 마련이다. 나 역시 금융상품을 판매할 때 생각지 못한 질문을 받으면 정확한 안내를 하기 위해 더 세심하게 조사해본다. 물건을 사는 사람에게나 판매하는 사람에게나 질문은 필요한 과정이다.

질문하고 나서 상품에 대한 정보가 충분히 이해가 됐다면 흥정의 여지가 있는지 판단해보면 좋다. 정가로 판매하는 백화점에서 깎아 달라고 하는 것은 당연히 통하지 않겠지만 흥정의 여지가 있는 소비재는 생각보다 꽤 많다. 심지어 은행에서도 마찬가지다. 예금금리든, 대출금리든 조금씩이나마 흥정의 여지가 있다. 대출금리가 높으면 갈아타겠다는 고객도 많다. 주거래 은행으로 거래하는 고객의 경우 진짜 갈아타겠다는 의도보다는 금리를 좀 깎겠다는 의도인 것을 은행원도 잘 알고 있다. 현명한 협상 기술로 내가 원하는 가격에 맞추도록 해보자. 협상의 기술도 습관이 되면 소비재를 구매하는 데 있어 응당 거쳐야 할 과정이 된다.

협상할 때에는 조금의 기교가 필요하다. 무작정 목소리를 높여 따지고 화를 내기보다 직원을 잘 구슬려라. 은행원의 처지에서도 불만만 제기하는 고객보다 따뜻한 말 한마디를 건네는 고객에게 마음이 가는 법이다. 은행에 올 때마다 불만을 쏟아내면 그 고객의 업무를 빨리 끝내고 보내고 싶을 뿐이다. 그런 면에서 명동 부자들은 모두 예의가 바르며 말 한마디도 허투루 하는 법이 없다. 따뜻한 말 한마디로 주변 사람들을 관리하는 법을 누구보다 잘 안다.

8 돈을 가치 있게 쓰는 법

"돈이란 살아 생전에 잠시 관리하는 것일 뿐이다."

_명동 부자 김병희 사장

부자, 돈의 철학을 말하다

많은 사람이 돈 이야기를 구체적으로 하는 것을 꺼리며 품위가 떨어지는 행동이라고 여긴다. 하지만 돈이란 누구나 살아가는 동안 벌어야 하는 대상이며 사람들의 최고 관심사다. 돈에 집착하라는 의미가 아니다. 세상이 인정한 가치의 수단인 만큼 돈을 버는 데 있어 좀 더 당당한 자세를 가져야 한다. 더불어 가치 있게 쓰는 방법을 알아야 한다.

명동 부자들은 돈에 대한 철학이 확고하다. 어떤 마음으로 돈을 벌어야 하고, 어떻게 써야 가치 있는지 누구보다 잘 아는 사람들이 그들이다. 또 어떻게 버느냐보다 어떻게 쓰느냐가 중요다하는 것을 잘 알고 있다. 그들이 사회적으로 인정받고 존경받는 이유는 돈이 많아서가 아니라 돈을 가치 있게 쓰는 법을 알기 때문이다. 돈에 대한 명동 부자들의 철학은 무엇이며, 그들은 자신의 부를 어떻게 사회에 환원하고 있을까?

똑같은 1퍼센트라도 가치를 담아라

맹시환 사장은 돈을 벌다 보면 어느 순간 돈이 스스로 굴러들어온다고 말한다. 단, 그는 자신이 노력해서 번 돈이 아니라면 사회에 돌려줄 수 있는 방법을 찾는다. 사회가 돈을 벌도록 도와주었기 때문에 사회에 환원해야 한다는 의미다. 이러한 생각을 실현하기 위해 20년 전부터 한부모 가정을 지원하는 복지관에 순이익의 1퍼센트를 기부해오고 있다. 매출이 크지 않던 사업 초기에는 지원 금액이 미미했으나, 현재는 이익금의 1퍼센트일지라도 금액이 상당한 수준에 이른다.

김병희 사장은 돈이란 살아 생전에 잠시 관리하는 것일 뿐이라고 말한다. 돈을 버는 것보다 자기가 하는 일에 최선을 다하면서 몰입을 하는 것을 더욱 중요하게 생각한다. 자신의 분야에서 최고의 수완을 발휘하는 달인이 되기 위해 노력하다 보면 돈은 부수적으로 쌓이기 마련이라고 한다. 돈을 많이 번다고 해서 하루 네 끼를 먹는 것도 아니고, 남들보다 시간을 더 쓰는 것도 아니다. 또 명분이 있을 때는 과감하게 쓰지만, 평소에는 검소하게 쓴다고 한다.

사회 환원을 위한 후원에도 돈을 아끼지 않는다. 7년간 고등학교 야구부 후원을 해오고 있으며, 서강대 경제학과에도 1억 5,000만 원을 쾌척했다. 서강대에서는 김 사장 이름을 딴 강의실을 마련해주었다. 또 '클라뷰'라는 화장품 브랜드를 개발하면서 바다에서 추출한 원료를 사용하다 보니 해녀들에게도 도움을 많이 받았다. 해녀들에게 고마운 마음을 표현하기 위해 기부뿐만 아니라, 해녀와 직원이 함께하는 프로그램도 운영하고 있다. 모두 사회적 책임을 다하는 회사로 성장시키기 위한 김 사장의 노력이다.

또 다른 명동 부자인 T 사장도 봉사정신이 남다르다. 경제적 지원이 필요한 학생을 돌보는 일도 서슴지 않는다. 자신과 같은 교회를 다니는 학생들을 제주도 별장에 초대해 음악회를 열 기회를 주기도 하고 어려운 학생을 돌봐주기도 한다. 자신과 함께 근무하는 직원에 대한 배려는 말할 필요도 없다. 또 은행에서 업무를 볼 때도 항상 겸손한 태도를 보이며 나이 어린 직원들에게도 예의를 다한다. 돈과 관련된 일을 하기에 늘 예민할 수밖에 없는 은행에서 오히려 고객으로부터 배려를 받으면 직원 역시 더욱 반성하고 고객에게 최선을 다하기 위해 노력하지 않을 수 없다.

명동에서 오래전부터 사업을 해온 또 다른 명동 부자인 B 사장은 꽤 큰 규모의 자금을 움직이고 있다. B 사장도 매사 겸손하며 항상 자세를 낮춘다. 가끔 B 사장에게 인사를 드리기 위해 사무실을 방문한다. 그때 마주하게 되는 사무실의 단출한 책상과 의자들이 인상적이다. 평소 검소한 생활을 하는 B 사장의 모습이 그대로 담겨 있는 풍경이다. 어떻게 자산가가 되었는지를 묻는 질문에 대한 답 역시 겸손 그 자체다. 기독교인인 B 사장은 매일 쳇바퀴 돌 듯 삼시 세끼 먹으며 열심히 살았을 뿐이라고 했다.

명동 부자들은 가족에게도 최선을 다하다 보니 부부 간의 금실도 좋기로 소문난 사람이 많다. 대부분 배우자를 인생의 동반자이자, 함께 사업을 일구어내기 위해 힘을 합친 동지로 생각하고 있었다. 또 누구 하나 가진 것이 없던 시절부터 함께 자산을 일구어내다 보니 서로를 아끼고 배려할 수밖에 없다고 입을 모았다. 부부가 서로를 신뢰하며 열심히 일해온 덕분에 지금의 부 역시 축적할 수 있었다고 말이다.

명동 부자들의 15가지 태도

세계적인 기업가들도 자신의 재산을 사회에 환원하는 모범을 보이고 있다. IT 업계 최고 부자이면서 페이스북 최고경영자(CEO)인 마크 저커버그는 2015년 12월에 자신이 가지고 있는 페이스북 주식의 99퍼센트를 기부하겠다고 발표했다. 그가 타고 다니는 자동차는 3,000만 원대의 폭스바겐 골프다. 결혼식도 집 뒤뜰에서 소박하게 치렀다. 하객은 90여 명의 친구와 동료가 대부분이었다. 신부의 드레스도 평범했다. 저커버그 부부는 로마에서 약 2유로(약 5,400원)짜리 맥도날드 햄버거를 계단에 앉아 먹으며 신혼여행을 즐겼다.

스웨덴의 가구 브랜드 이케아를 창업한 고 잉바르 캄프라드는 마른 수건도 짜고 또 짜는 자린고비 같은 삶으로 유명했다. 스웨덴의 작은 농촌 마을에서 태어나 풍족하지 못한 환경에서 자라다 보니 근검절약이 몸에 뱄고, 그 덕분에 생활력도 강해졌다. 특별한 이유가 없으면 버스와 지하철 같은 대중교통을 이용해 출근했고, 주말에도 낡은 볼보 승용차를 몰았다. 해외 출장을 갈 때에는 이코노미석만 이용했고, 호텔 객실에 비치된 유료 생수가 비싸다며 주변 편의점에서 물을 사다 마셨다. 티백은 여러 번 우려 마시고, 일회용 접시도 씻어서 다시 사용했다고 한다.

수백억 원대, 수천억 원대 자산가라고 하면 고급 승용차를 타고

1. 애를 쓰지 않아도 돈은 벌린다고 믿는다.

2. 늘 사회환원을 생각하고 실천한다.

3. 돈은 내가 잠시 맡아서 관리하는 것이다.

4. 돈에 대한 관심보다 일에 몰입해야 한다.

5. 돈은 열심히 일한 결과로 따라오는 부산물이다.

6. 언제나 겸손하고 배려하는 자세로 사람들을 대한다.

7. 내가 쓰는 물건은 검소함을 지향한다.

8. 돈보다 가정의 행복이 중요하다.

9. 부부는 인생의 동반자이자 사업동지다.

10. 부자가 반드시 고급승용차를 타고 고급집에 사는 것은 아니다.

11. 진짜 수백억 원대, 수천억 원대 자산가는 성실하다.

12. 속이 빈 사람만이 남에게 보여주기 위해 치장한다.

13. 헝그리 정신의 중요성을 잘 안다.

14. 나와 함께하는 인연을 소중하게 대한다.

15. 자기 물건은 100원도 아끼고 그 돈으로 남을 대접한다.

럭셔리한 집에서 생활하며 매일 골프나 치는 생활을 할 것이라고 오해한다. 내가 만난 명동 부자들 중에서 그런 생활을 하는 사람은 한 명도 없었다. 김병희 사장은 여전히 소박한 사무실로 매일 출근하며 열심히 일하고 있으며, 사모님 역시 하루도 빠지지 않고 화장품 매장 계산대를 지킨다. 다른 사람에게 보여주기 위한 사치란 그들에게 의미가 없다. 오히려 전혀 남의 시선을 의식하지 않는다. 내면이 충실하지 못한 사람이나 타인에게 보여주기 위한 치장을 할 뿐이다.

오래전부터 명동에서 사무실을 차리고 소규모 무역을 하는 R 사장도 남다른 부자 중 한 사람이다. 늘 운동화에 등산조끼를 입고 등장하는 R 사장은 주식 배당금을 탄 날이나 예금 만기 날이면 은행직원에게 늘 점심을 산다. 은행직원들이 대접하겠다고 해도 한사코 거부한다. 그는 중국에서 어렵사리 사업을 하며 자산을 일구어냈다. 중국에서 사업에 실패했을 때는 최악의 상황까지 생각하며 힘든 나날을 버텨냈다. 그렇게 힘겹게 한 푼 두 푼 모은 돈으로 회사를 차리고 일구어 나간 그의 노력은 자식을 성장시키는 것 이상이라 짐작한다.

은행에서 명동 부자들을 가깝게 접하며 일한 덕분에 그들이 오랜 세월 얼마나 힘들게 버티며 지금의 부를 쌓았는지 누구보다 잘 알고 있다고 자부한다. 동전 한 푼 허투루 쓰지도 않고 허리띠를 졸라매며 번 돈이 얼마나 값진 것인지 잘 안다. 그런 명동 부자 R 사장이 은퇴하기로 마음먹고 법인을 폐업하는 날까지 자금을 정산하는 모습을 본 적이 있다. 회사자금을 청산하는 마지막 날, 소회에 잠긴 표정이 의미심장하게 느껴졌다. 장성한 자식을 출가시켜 떠나보내는 심정이 그랬을 것이다. 열심히 돈을 벌고, 가치 있게 쓰는 명동 부자 한 분 한 분의 삶에 경의를 표하지 않을 수 없다.

은행에서 발생하는 수수료 100원을 아끼면서도, 직원 복지를 위한 비용은 아끼지 않는 마음, 자동차도 몰지 않고 대중교통을 이용해 출퇴근하는 마음, 자신은 시장통에서 막걸리를 마시면서도 직원 부모님을 매년 호텔로 모셔 저녁을 대접하는 마음, 자신보다 아래에 있는 사람을 배려하고 예의 바르게 행동하는 마음이 명동 부자들을 품격있는 부자로 만든다. 돈을 버는 데는 당당하고 가치 있는 곳에 돈을 아낌없이 쓰는 명동 부자들 모두가 마땅히 존경받을 만하다.

명동 부자들

초판 1쇄 인쇄 2020년 2월 1일
초판 1쇄 발행 2020년 2월 10일

지은이 고미숙
펴낸이 신경렬

편집장 유승현 | 편집진행 김승규
편집 황인화 김정주
마케팅 장현기 정우연 정혜민
디자인 엔드디자인 | 일러스트 정민영
경영기획 김정숙 김태희 조수진
제작 유수경

펴낸곳 (주)더난콘텐츠그룹
출판등록 2011년 6월 2일 제2011-000158호
주소 04043 서울시 마포구 양화로12길 16, 7층(서교동, 더난빌딩)
전화 (02)325-2525 | 팩스 (02)325-9007
이메일 book@thenanbiz.com | 홈페이지 www.thenanbiz.com

ISBN 978-89-8405-982-5 03320

이 도서의 국립중앙도서관 출판시도서목록(CIP)은 서지정보유통지원시스템
홈페이지(http://seoji.nl.go.kr)와 국가자료공동목록시스템(http://www.nl.go.kr/kolisnet)에서
이용하실 수 있습니다.(CIP제어번호:2020003141)